湖北省地方标准

公路工程地质调绘技术规程

Technical specifications for geological mapping of highway engineering

DB 42/T 1497—2019

主编单位:湖北省交通规划设计院股份有限公司
批准部门:湖北省市场监督管理局
实施日期:2019 年 04 月 28 日

人民交通出版社股份有限公司
北　京

图书在版编目(CIP)数据

公路工程地质调绘技术规程：DB 42/T 1497—2019 / 湖北省交通规划设计院股份有限公司主编. — 北京：人民交通出版社股份有限公司，2020.6
ISBN 978-7-114-16551-1

Ⅰ.①公… Ⅱ.①湖… Ⅲ.①道路工程—地质勘探—技术规范—湖北 Ⅳ.①U412.22-65

中国版本图书馆CIP数据核字(2020)第082416号

标准类型：湖北省地方标准
标准名称：公路工程地质调绘技术规程
标准编号：DB 42/T 1497—2019
主编单位：湖北省交通规划设计院股份有限公司
责任编辑：周佳楠
责任校对：孙国靖　龙　雪
责任印制：张　凯
出版发行：人民交通出版社股份有限公司
地　　址：(100011)北京市朝阳区安定门外外馆斜街3号
网　　址：http://www.ccpress.com.cn
销售电话：(010)59757973
总 经 销：人民交通出版社股份有限公司发行部
经　　销：各地新华书店
印　　刷：北京市密东印刷有限公司
开　　本：880×1230　1/16
印　　张：4
字　　数：115千
版　　次：2020年6月　第1版
印　　次：2020年6月　第1次印刷
书　　号：ISBN 978-7-114-16551-1
定　　价：40.00元

(有印刷、装订质量问题的图书，由本公司负责调换)

目　次

前言 .... Ⅲ
引言 .... Ⅴ
1 范围 1
2 规范性引用文件 1
3 术语和定义 1
4 总则 2
　4.1 一般规定 2
　4.2 工作程序 3
　4.3 调绘范围与精度 3
5 公路工程地质调绘工作方法及要求 4
　5.1 一般规定 4
　5.2 现场踏勘 4
　5.3 遥感解译 5
　5.4 地质测绘 5
6 工程地质条件调绘 6
　6.1 一般规定 6
　6.2 地形地貌调绘 8
　6.3 地层岩性调绘 9
　6.4 地质构造调绘 10
　6.5 水文地质调绘 11
　6.6 不良地质调绘 12
　6.7 特殊性岩土调绘 13
　6.8 天然建筑材料调绘 14
7 路线工程地质调绘 15
　7.1 一般规定 15
　7.2 一般路段调绘 16
　7.3 其他路段调绘 16
8 工点工程地质调绘 17
　8.1 一般规定 17
　8.2 路基工程调绘 17
　8.3 桥涵工程调绘 18
　8.4 隧道工程调绘 18
　8.5 沿线设施工程及弃渣场调绘 19
9 周边环境条件调绘 19
　9.1 一般规定 19
　9.2 周边环境条件调绘内容 20
　9.3 周边环境条件调绘成果 20
10 资料整理与成果编制 21

10.1	一般规定	21
10.2	原始资料整理与验收	21
10.3	调绘成果图件	21
10.4	调绘成果报告	22
附录 A(规范性附录)	特殊性岩土分类及野外判别	24
附录 B(规范性附录)	岩溶分类及岩溶塌陷稳定状态野外判别	27
附录 C(规范性附录)	滑坡分类及稳定状态野外判别	29
附录 D(规范性附录)	崩塌分类及稳定状态野外判别	31
附录 E(规范性附录)	泥石流分类及发育阶段野外判别	33
附录 F(规范性附录)	岩堆分类及稳定状态野外判别	36
附录 G(规范性附录)	采空区(人工洞穴)分类及稳定状态野外判别	37
附录 H(资料性附录)	工程地质野外调绘点记录样表	38
附录 I(资料性附录)	工程地质调绘常用图示及图例	51

前言

本标准按照 GB/T 1.1—2009 给出的规则起草。

本标准由湖北省交通规划设计院股份有限公司提出。

本标准由湖北省交通运输厅归口管理。

本标准起草单位：湖北省交通规划设计院股份有限公司、中交第二公路勘察设计研究院有限公司、湖北省交通投资集团有限公司、武汉综合交通研究院有限公司、中国科学院武汉岩土力学研究所。

本标准主要起草人：王国斌、程江涛、代先尧、陈军、王红明、尹其、陈银生、张俊瑞、邹东林、易哲、罗红明、丁德民、王艳兰、周俊书、熊平高、雷万雄、陈禹成、熊巍、余坚、胡五洲、杨应波、张俊、任靓蓓、程庆华、蔡洁、陈锋、王猛、姜领发、柳治国、崔臻、邹飞。

本标准由湖北省交通规划设计院股份有限公司、中交第二公路勘察设计研究院有限公司、湖北省交通投资集团有限公司、武汉综合交通研究院有限公司、中国科学院武汉岩土力学研究所负责解释。

本规程实施应用中的疑问，可咨询湖北省交通运输厅，联系电话：027-83460670，邮箱：2651259230@qq.com；对本规程的有关修改意见建议请反馈至湖北省交通规划设计院股份有限公司，联系电话：027-84739663，邮箱：332788683@qq.com。

引 言

为规范湖北省公路工程地质调绘工作，统一工作方法和技术要求，提高工程地质调绘成果质量，充分发挥工程地质调绘在公路工程建设中的作用。根据湖北省质量技术监督局鄂质监标〔2013〕50号文《关于下达2013年湖北省地方标准项目计划的通知》的要求，制定本规程。

本规程总结了湖北省近二十年来各类公路工程地质调绘的实践经验，吸收了工程地质理论研究和实践的新成果，广泛征求了湖北省有关单位和专家的意见，反复修改完善，经审查后定稿。

本规程对湖北省公路工程地质调绘的工作程序、工作方法、技术要求及成果编制等提出了具体要求，重点突出了不良地质调绘、特殊性岩土调绘、路线工程地质调绘、工点工程地质调绘、周边环境条件调绘等与公路工程密切相关的调绘内容。

公路工程地质调绘技术规程

1 范围

本规程适用于湖北省各等级公路工程的地质调绘工作。

公路工程地质调绘工作应查明调绘范围内的工程地质条件及周边环境条件,为路线方案比选、工程地质勘探和测试工作的布置提供地质依据。

公路工程地质调绘除应符合本规程的规定外,尚应符合国家现行有关标准的规定。

2 规范性引用文件

下列文件对于本文件的应用是必不可少的。凡是注日期的引用文件,仅注日期的版本适用于本标准。凡是不注日期的引用文件,其最新版本(包括所有的修改单)适用于本文件。

GB/T 50585　岩土工程勘察安全标准
JTG C20　公路工程地质勘察规范
JTG/T C21-01　公路工程地质遥感勘察规范
JTG/T C21-02　公路工程卫星图像测绘技术规程
CECS 238　工程地质测绘标准
CECS 239　岩石与岩体鉴定和描述标准

3 术语和定义

下列术语和定义适用于本文件。

3.1.1
工程地质调绘　engineering geological mapping

运用地质学、工程地质学原理,采用资料搜集与分析、现场踏勘、遥感解译、地质测绘等方法,将与工程有关的地质和环境信息按规定精度要求绘制在设定比例尺的地形图上,并形成技术文件的一种勘察方法。

3.1.2
工程地质条件　engineering geological condition

与工程有关的各种地质要素的总称,包括地形地貌、地层岩性及岩土工程性质、地质构造、水文地质条件、不良地质作用和天然建筑材料等。

3.1.3
水文地质条件　hydrogeological condition

地下水形成、分布和变化规律等地质条件的总称,包括地下水类型、埋藏、补给、径流、排泄以及水质和水量等。

3.1.4
周边环境条件　environmental condition

工程影响范围内既有或在建建(构)筑物和设施的总称,包括地面建(构)筑物、地下建(构)筑物、管线、道路、桥梁、隧道等。

3.1.5
工程地质问题 engineering geological problem

已有工程地质条件在工程建设和运行期间会产生一些新的变化和发展，构成影响工程建筑安全的地质问题的总称，包括地基稳定性、斜坡稳定性、围岩稳定性、区域稳定性等。

3.1.6
现场踏勘 site reconnaissance

运用地质学、工程地质学原理，通过野外观察和调查访问，了解工程场地及附近区域地质条件的一种地质调绘工作方法。

3.1.7
遥感解译 remote sensing interpretation

运用遥感、地质地理知识，借助适用的设备和技术方法，根据解译标志对遥感图像进行工程地质判读和解释的一种地质调绘工作方法。

3.1.8
地质测绘 geological survey and mapping

运用地质学、工程地质学原理，通过地质调绘点的测量、观察与描述，查明调绘点的地质要素，并绘制相应工程地质图的一种地质调绘工作方法。

3.1.9
调绘点 survey and mapping point

各类地形地貌、地层岩性、地质构造、水文地质、不良地质、特殊性岩土、周边环境条件调查与测绘点的统称。

3.1.10
不良地质 unfavorable geological condition

由各种地质作用或人类活动造成的岩溶、滑坡、危岩、崩塌、岩堆、泥石流、采空区、水库坍岸和地震液化等对工程可能造成危害的地质现象的总称。

3.1.11
特殊性岩土 special rock and soil

具有特殊的物质成分、结构和工程特性的岩土的总称，包括黄土、冻土、膨胀性岩土、软土、花岗岩残积土、填土和红黏土等。

3.1.12
工程地质图 engineering geological map

为反映工程场地的工程地质条件，评价、预测工程地质问题而编制的专门性图件。

4 总则

4.1 一般规定

4.1.1 公路工程地质调绘应与预可行性研究阶段工程地质勘察（简称"预可勘察"）、工程可行性研究阶段工程地质勘察（简称"工可勘察"）、初步设计阶段工程地质勘察（简称"初步勘察"）、施工图设计阶段工程地质勘察（简称"详细勘察"）的地质工作目标相适应。

4.1.2 公路工程地质调绘对象可分为路线工程、工点工程和周边环境条件，调绘范围应能满足线路方案比选的要求。

4.1.3 公路工程地质调绘应根据公路等级、场地条件复杂程度开展相应的工作，并应符合 JTG C20 的相关规定。

4.1.4 工程地质调绘野外工作应符合 GB/T 50585 的有关规定。

4.2 工作程序

4.2.1 公路工程地质调绘工作宜按下列步骤进行：
   a) 资料搜集；
   b) 资料分析；
   c) 编制作业指导书；
   d) 现场调查与测绘；
   e) 资料整理与成果编制。

4.2.2 资料搜集工作宜包括下列内容：
   a) 工程建设规划、设计资料；
   b) 路线沿线地形资料，航片、卫片以及陆摄、无人机等采集的遥感影像资料；
   c) 区域地质、水文地质、地震、标准地层资料；
   d) 区域矿产资源、地质灾害分布及调查资料；
   e) 当地岩土工程性质经验数据及工程建设经验；
   f) 公路影响范围内既有（或在建）建（构）筑物、设施等周边环境资料；
   g) 其他相关资料。

4.2.3 资料分析工作宜包括下列内容：
   a) 分析资料可利用程度和存在的工程地质问题，编制有关图表和说明；
   b) 将可利用信息叠加到调绘所用地形图底图上，形成工程地质调绘草图；
   c) 主要分析调绘区工程地质条件，明确工程地质调绘的重点地段。

4.2.4 各勘察阶段均应根据调绘任务要求编制作业指导书，作业指导书宜包括下列内容：
   a) 任务来源、工程特点及勘察阶段；
   b) 调绘区自然地理、工程地质条件及工程地质问题概述；
   c) 工程地质调绘目的及内容；
   d) 工程地质调绘范围、比例尺、精度及填图地层单位要求；
   e) 工程地质调绘工作方法及工作量；
   f) 调绘人员及主要设备配置；
   g) 工作进度计划及完成日期；
   h) 质量保证措施、安全措施及其他管理措施；
   i) 提交的成果资料。

4.2.5 工程地质调绘内容应满足调绘任务要求，宜包括下列内容：
   a) 地形地貌成因、类型、分布、规模、形态特征等；
   b) 地层成因、年代、层序、厚度、岩性、风化程度和工程特性等；
   c) 构造类型、产状、规模、分布范围、各类结构面发育特征及其相关关系；
   d) 地下水类型、埋深、赋存、补给、径流和排泄条件，以及地表水系、井、泉的分布位置、高程和动态特征等；
   e) 特殊性岩土类型、分布范围及工程性质等；
   f) 不良地质类型、分布范围、规模、形成条件、发生与发展规律等；
   g) 既有工程使用情况等。

4.3 调绘范围与精度

4.3.1 公路工程地质调绘范围一般情况下沿路线两侧各应不少于200m。符合下列条件时，应扩大调绘范围：

a) 预可、工可勘察阶段；
b) 需追溯地质问题、地质界线；
c) 对公路工程有影响的地质构造复杂、不良地质发育、地下水富集和周边环境复杂的路段。

4.3.2 工程地质调绘成图比例尺应根据勘察阶段、工程类型、场地条件复杂程度确定，且应符合下列要求：
   a) 预可勘察阶段宜采用1:100 000、1:50 000或更大比例尺。
   b) 工可勘察阶段宜采用1:50 000、1:10 000或更大比例尺。
   c) 初步勘察阶段宜采用1:10 000、1:2 000或更大比例尺。
   d) 详细勘察阶段宜采用1:2 000～1:500或更大比例尺。

4.3.3 工程地质调绘精度应符合下列要求：
   a) 调绘所用地形图底图的比例尺不应小于工程地质调绘成图比例尺。
   b) 调绘填图最小工程地质单元应为图上2mm。
   c) 地质调绘点的测绘精度，在图上应不低于3mm。
   d) 对工程有影响的不良地质可扩大比例尺表示，并标注其实际数据。

4.3.4 工程地质调绘填图地层单位应符合下列要求：
   a) 填图地层单位应采用界、系、统的标准序列，地方性地层单位应采用群、组、段、层序列。
   b) 第四系地层应按地层年代、成因类型、岩相变化等划分填图地层单位。
   c) 填图地层单位应与工程地质调绘比例尺相适应，按JTG C20的规定执行。
   d) 地层单位应有代号，有标准化代号的地层应采用标准化代号，无标准化代号的地层应采用拉丁字母、阿拉伯数字或二者组合表示。
   e) 第四系"组"以下的工程地质单元代号可自上而下采用圆圈内阿拉伯数字表示，划分亚层时可在圆圈外用阿拉伯数字下标表示。

5 公路工程地质调绘工作方法及要求

5.1 一般规定

5.1.1 地质调绘工作方法可分为现场踏勘、遥感解译和地质测绘，宜根据不同勘察阶段、工程所在地地质环境特点及调绘精度要求综合选用。

5.1.2 工程地质调绘工作采用分组作业方式时，接图部位的地质界线应核实一致。

5.1.3 地质调绘应填写记录、拍摄影像和采集样品。

5.1.4 样品采集应符合JTG C20的相关规定。

5.1.5 地质调绘原始资料应及时整理和分析。

5.2 现场踏勘

5.2.1 现场踏勘宜调查线位、地层与地质构造、不良地质及特殊性岩土、控制性工点等。

5.2.2 现场踏勘宜按下列步骤进行：
   a) 踏勘路线布设；
   b) 实地调查访问；
   c) 资料整理与分析。

5.2.3 踏勘路线布设宜垂直于地貌单元延伸方向、地质构造线或地层岩性分界线。

5.2.4 现场踏勘宜包括下列内容：
   a) 沿线交通、河流、湖泊、人文等；
   b) 重要地层界线、大型断裂、褶皱、地震及新构造运动迹象等；

c) 沿线崩塌、滑坡、泥石流、岩溶、采空区等分布及活动情况；
d) 沿线软土、膨胀性岩土、红黏土、填土等分布情况；
e) 控制性隧道、互通式立交、桥梁等工点场址的地质可行性。

5.3 遥感解译

5.3.1 遥感解译应根据勘察阶段选择航片、卫片以及陆摄、无人机等采集的相应精度的影像资料。

5.3.2 遥感解译宜按下列步骤进行：
a) 选用、处理遥感影像；
b) 根据已有地质资料或踏勘地质成果,建立解译地质标志；
c) 初步解译遥感图像；
d) 外业调查验证与综合解译；
e) 资料整理与分析。

5.3.3 遥感影像数据源宜通过国家控制点、地形图采集点、全球卫星定位系统(GPS)或北斗卫星导航系统(BDS)现场实测点等进行几何校正,消除遥感像片、图像的畸变,并配准地理坐标。

5.3.4 遥感解译应符合 JTG/T C21-01 和 JTG/T C21-02 的规定。

5.4 地质测绘

5.4.1 地质点、地质断面布设应按底图比例尺和工程地质特点确定。

5.4.2 地质测绘宜按下列步骤进行：
a) 地质点、地质断面布设；
b) 地质点定位；
c) 实测地质点、地质断面；
d) 填写记录表、拍摄影像；
e) 资料整理与分析。

5.4.3 地质点布设应符合下列要求：
a) 地质点布设应结合穿越法、界线追索法的特点进行布设。
b) 地质观测点应布设在地貌、地层界线、地质构造、标志层等地质界线及地下水出露点和不良地质现象上,大桥、特大桥、长隧道、特长隧道、高填深挖路段等部位应有适量地质观测点控制。
c) 工程地质调绘比例尺图面每 $100mm^2$ 面积内的地质观测点数量应不少于4个。
d) 对公路工程有影响的不良地质及特殊性岩土地段,应加密地质观测点。
e) 地质观测点宜布设在天然或人工露头处。露头较少地段,应根据需要布置一定量的勘探工作,以揭露主要地质现象和地质界线。

5.4.4 地质断面布设宜符合下列要求：
a) 反映典型地质构造、地层的断面布设不应少于2条。
b) 工点地质断面宜根据勘察阶段、工点规模、地质条件进行布设,且应不少于2条。
c) 路线地质断面宜布设1条~2条。

5.4.5 地质点定位宜符合下列规定：
a) 地质点宜采用目测、罗盘仪交汇、卫星定位系统、仪器测量等方法定位,定位精度应满足调绘阶段和比例尺的要求。
b) 对可能影响工程地质评价的重要地质点、控制主要地质界线和地质现象的地质点,应采用仪器测量定位。

5.4.6 地质点观察描述应符合下列要求：
a) 注意地质点之间的观察,必要时可在现场进行路线描述,并勾绘路线示意图。

b) 地质点描述应在现场进行,其内容既要全面又要突出重点。
c) 地质点描述顺序宜为地形地貌、地层岩性、地质构造、水文地质、不良地质及其他,对有重要意义的地质观测点应详细描述。
d) 岩层产状可用方位角或象限角表示,但同一工程应统一。
e) 地质界线在现场应用铅笔勾绘。

5.4.7 地质点记录宜包括下列内容:
a) 地质点应统一进行编号;
b) 记录点号、日期、地点、天气和调绘者;
c) 定位、绘制素描图、示意图;
d) 描述各种地质现象。

5.4.8 地质断面绘制应符合下列要求:
a) 应选择断面上的地质点绘制地质断面。
b) 实测地质断面比例尺应为工程地质调绘比例尺的2倍~5倍。
c) 实测剖面的允许图面误差应不大于3mm。
d) 实测剖面地层分层精度宜根据剖面比例尺确定,剖面图上宽度大于1mm的地质体均应划分和表示,对工程有影响的特殊夹层可扩大比例尺或用符号表示。

5.4.9 照片应记录编号,且应有易于识别尺寸的参照物标志。

6 工程地质条件调绘

6.1 一般规定

6.1.1 工程地质条件调绘应与路线工程及工点工程的设置相结合,并应满足不同勘察阶段地质调绘的任务要求。

6.1.2 工程地质条件调绘对象可分为地形地貌、地层岩性、地质构造、水文地质、不良地质和特殊性岩土,调绘任务要求时宜包括天然建筑材料。

6.1.3 工程地质条件调绘对象划分应符合下列规定:
a) 地形地貌调绘对象可分为构造剥蚀地貌、山麓堆积地貌、河谷地貌、河谷阶地、湖泊地貌、沼泽地貌、冲沟地貌、岩溶地貌、不良地质地貌和人工改造地貌。
b) 地层岩性调绘对象可分为沉积岩、岩浆岩、变质岩和第四系地层。
c) 地质构造可分为褶皱、断层、新构造运动和节理裂隙。
d) 水文地质调绘对象可分为地表水体、井水、泉水和岩溶水。
e) 不良地质调绘对象可分为岩溶、滑坡、崩塌、岩堆、泥石流、采空区、人工洞穴和水库坍岸。
f) 特殊性岩土调绘对象可分为膨胀性岩土、软土、花岗岩残积土、填土和红黏土。
g) 天然建筑材料可分为土、砂、砾石和石料。

6.1.4 符合表6.1.4所列特征要素的地段,宜按不良地质开展地质调绘工作。

表6.1.4 不良地质

不良地质	特征要素
岩溶	1)地表或地下广泛分布可溶性岩层并存在各种岩溶形态; 2)可溶岩地区上覆土层曾发生地面塌陷或有土洞存在; 3)溶洞、漏斗等岩溶的调绘

表 6.1.4（续）

不良地质	特征要素
滑坡	1) 山体斜坡存在软弱地层或顺坡向结构面； 2) 山坡后壁较陡、呈圈椅状地貌、壁面可见擦痕； 3) 坡面不顺直，呈无规则的台阶状，其上有洼地分布，坡脚有时可见鼓胀裂缝； 4) 前缘侵占或挤压沟(河)床，呈舌状突出，多出露泉水或湿地； 5) 两侧坡脚地层多有扰动和松动现象； 6) 有产生滑坡的记录
崩塌	1) 坡面高、陡、不平整，地形上陡下缓； 2) 岩土体节理裂隙发育，结构面多张开； 3) 坡脚、坡面有崩塌物堆积
泥石流	1) 沟口或坡脚存在大量无分选的洪流堆积物； 2) 沟内或山坡存在滑坡堆积物或大量松散物质； 3) 有泥石流暴发历史记录或泥石流活动痕迹
岩堆	1) 山坡或坡脚堆积体以堆积岩块和岩屑为主； 2) 堆积体易产生坍滑，不均匀沉降等现象
采空区 （人工洞穴）	1) 存在正在开采或已废弃的各类矿区及古窑等； 2) 存在人防工程、地下工程、坎儿井、枯井、采砂(石)洞、窑洞、菜窖及古墓等
水库坍岸	1) 路线左右两侧200m范围内存在水库； 2) 水库岸坡存在松散地层； 3) 有产生坍岸的记录

6.1.5 符合表6.1.5所列特征要素的地段，宜按特殊性岩土开展地质调绘工作。

表6.1.5 特殊性岩土

特殊性岩土	特征要素
膨胀性岩土	应按附录A的规定进行判别
软土	1) 在静水或缓慢流水环境中沉积的粉土、黏性土； 2) 含水率 $w \geq w_L$，孔隙比 $e \geq 1.0$，压缩系数 $a_{0.1-0.2} \geq 0.5 \mathrm{MPa}^{-1}$，强度 $P_0 < 800 \mathrm{kPa}$
花岗岩残积土	花岗岩风化后残留在原地的第四系松散堆积物
填土	1) 线路通过人为活动堆填地段； 2) 堆填位成分复杂、固结时间短
红黏土	1) 覆盖在碳酸盐岩系之上，经红土化作用形成的黏性土； 2) 具有表面收缩、上硬下软、裂隙发育等特征的高塑性黏土

6.1.6 不良地质路段调绘范围应符合下列要求：
 a) 滑坡调绘范围应包括滑坡体、影响区及相邻地段。
 b) 崩塌调绘范围应包括崩塌体、影响区及相邻地段。
 c) 岩堆调绘范围应包括岩堆体、补给区及相邻地段。
 d) 泥石流调绘范围应包括形成区、流通区、堆积区及其影响地段。
 e) 采空区调绘范围应包括采空区及其影响范围。

f) 水库坍岸调绘范围应包括坍岸段及其影响范围。

6.1.7 工程地质条件分类及野外判别应符合下列规定：
  a) 土体分类及野外判别应符合 JTG C20 的有关规定。
  b) 岩石、岩体结构、结构面野外判别可按 CECS 239 执行。
  c) 特殊性岩土分类及野外判别应符合附录 A 的规定。
  d) 岩溶分类及塌陷稳定状态野外判别应符合附录 B 的规定。
  e) 滑坡分类及稳定状态野外判别应符合附录 C 的规定。
  f) 崩塌分类及稳定状态野外判别应符合附录 D 的规定。
  g) 泥石流分类及发育情况野外判别应符合附录 E 的规定。
  h) 岩堆分类及稳定状态野外判别应符合附录 F 的规定。
  i) 采空区(人工洞穴)分类及稳定状态野外判别应符合附录 G 的规定。

6.1.8 工程地质条件调绘点记录宜按附录 H 的样表格式进行。

6.2 地形地貌调绘

6.2.1 地形地貌调绘应包括下列内容：
  a) 地貌、微地貌的形态特征和成因类型；
  b) 地貌与地层岩性、地质构造、不良地质的关系；
  c) 工程场地所属地貌单元的划分。

6.2.2 构造剥蚀地貌调绘宜包括下列内容：
  a) 地貌形态类型；
  b) 地貌成因类型；
  c) 山丘相对高度和坡度；
  d) 地貌形态与新构造运动、剥蚀作用的关系；
  e) 与构造剥蚀地貌并存的局部堆积地貌的分布、类型和特征。

6.2.3 山麓堆积地貌调绘宜包括下列内容：
  a) 山麓堆积地貌类型；
  b) 坡积裙、洪积扇、山前倾斜平原、山间洼地等的物质组成、相对高度和坡度，以及从上游到下游的变化规律；
  c) 冲沟、溪涧、泉、沼泽等地貌和微地貌形态。

6.2.4 河谷地貌调绘宜包括下列内容：
  a) 河谷横断面形态、横向坡度及特征，可分为对称谷、不对称谷、阶梯形谷或 V 形谷、U 形谷；
  b) 河谷纵向坡度及特征；
  c) 河谷阶地、河床、河漫滩、蛇曲、古河床、牛轭湖、三角洲等地貌特征和分布；
  d) 河谷发育与地层岩性、地质构造的关系，可分为纵向谷、横向谷、斜向谷或背斜谷、向斜谷、单斜谷、断裂谷等；
  e) 河谷区崩塌、滑坡、泥石流等不良地质的分布；
  f) 河谷切割程度，可分为隘谷、嶂谷、峡谷、宽谷等；
  g) 河谷发育阶段。

6.2.5 河谷阶地调绘宜包括下列内容：
  a) 阶地级数及分布高程；
  b) 各级阶地形态特征，阶面相对高度、长、宽、坡向、坡度、起伏情况及切割程度等；
  c) 阶地成因类型；
  d) 组成阶地的地层岩性及其厚度；

e) 河谷阶地上非河流相沉积物的分布；
f) 阶地形成年代及河谷地貌发育史。

6.2.6 湖泊、沼泽地貌调绘宜包括下列内容：
a) 湖泊、沼泽地貌成因类型；
b) 湖泊、沼泽的坡向、坡度和地形变化；
c) 湖泊、沼泽的水位、水深及其季节变化；
d) 湖泊、沼泽地表水与地下水的关系；
e) 湖泊、沼泽沉积的地层结构和土质特征；
f) 湖泊、沼泽水的补给来源和排泄条件；
g) 湖泊、沼泽水的矿化度；
h) 沼泽地植物生长情况。

6.2.7 冲沟地貌调绘宜包括下列内容：
a) 冲沟规模及形态特征；
b) 冲沟两侧地层岩性、卸荷裂隙、岩石风化、沟壁稳定情况及洪水位痕迹；
c) 沟口堆积物分布、粒度、厚度、分层等；
d) 冲沟流域面积及沟内水量和水质；
e) 有冲沟横向变位时，应分析受活动断层走滑运动影响的可能性。

6.2.8 岩溶地貌调绘宜包括下列内容：
a) 岩溶地貌类型；
b) 岩溶微地貌特征；
c) 岩溶地貌与地层岩性、地质构造、新构造运动及地下水的关系；
d) 岩溶发育史。

6.2.9 不良地质地貌调绘，应按6.6的规定执行。

6.2.10 人工改造地貌，应调查工程建设的时间、施工方法及运营情况等。

6.3 地层岩性调绘

6.3.1 地层岩性调绘应符合下列规定：
a) 沉积岩区应查明其沉积环境、沉积韵律、单层厚度、层理特征、层面构造、化石，以及岩层或层组特征。
b) 岩浆岩区应查明其成因类型、产状、规模、次序、与围岩的接触关系。
c) 变质岩区应查明其产状、成因分类、变质类型、程度，特有变质矿物和变质构造等。
d) 第四系区应查明土体的宏观特征、物质组成、物理性质和工程特性。
e) 特殊性岩土应按6.8的规定执行。

6.3.2 沉积岩区工程地质调绘宜包括下列内容：
a) 碎屑岩类：碎屑成分、颗粒大小、形状、磨圆度、分选性、胶结类型、胶结物成分、胶结程度、层理特征、层面构造等；
b) 泥质岩类（泥岩、页岩、黏土岩等）：颜色、层面构造、胶结情况、风化情况和工程开挖后吸水崩解、膨胀、失水干裂现象等；
c) 化学、生物岩类：化学和矿物成分、结晶情况、特殊岩石结构及构造特征、层面特征、缝合线、岩溶现象等；
d) 煤系地层：含煤层位和采空范围；
e) 软弱夹层：夹层性状、厚度、层位、分布及接触关系等。

6.3.3 岩浆岩区调绘宜包括下列内容：

a) 侵入岩:深成或浅成,所处的构造部位,与围岩的穿插情况,接触带和内外蚀变带特征,流线、流面、捕虏体,岩脉的分布、岩性、产状、厚度,与围岩的接触关系等;
b) 喷出岩:岩性、岩相,原生和次生构造,原生节理,捕虏体,喷发或溢流形式,喷溢次数,间歇情况,喷溢环境,喷出岩层间的沉积夹层,凝灰岩是否蚀变等;
c) 侵入岩应着重描述边缘接触面(带)、挤压破碎情况、岩脉和岩墙、蚀变带(软弱矿物富集带);
d) 喷出岩应着重描述喷发间断、层间接触关系、蚀变带、风化壳、黏土夹层、砂砾石夹层等,凝灰岩的软化、崩解、膨胀等特征。

6.3.4 变质岩区调绘宜包括下列内容:
a) 片麻岩类:片麻状构造、软硬矿物的含量及其风化特性、岩体的均一性和变化规律、岩体结构特点;
b) 片岩类:片理和原岩层理的产状、片理的发育程度、片岩的矿物组成、片状矿物的富集情况;
c) 千枚岩、板岩类:原岩层理及产状、千枚状、片状或板状构造的发育情况;
d) 块状变质岩类:岩石完整性、块状构造与片麻状构造的关系、大理岩的溶蚀和风化情况等;
e) 混合岩类:混合岩化程度、混合岩类型、残留体的岩性和构造等,必要时进行混合岩带的划分。

6.3.5 第四系调绘宜包括下列内容:
a) 地层年代;
b) 地层成因、类型、分布、厚度;
c) 地层宏观结构和物质成分;
d) 岩土工程性质;
e) 特殊性岩土调绘内容应按 6.5 的规定执行。

6.3.6 岩石描述宜包括下列内容:
a) 形成年代、成因类型、地层学名称;
b) 岩石名称、颗粒组成、颜色、矿物成分、结构和构造;
c) 岩石坚硬程度、完整程度、风化程度;
d) 岩层厚度、岩相变化、岩组或层组特征、产状和接触关系等。

6.3.7 土体描述宜包括下列内容:
a) 粗粒土的颜色、颗粒组成、颗粒形状、分选程度、母岩成分、磨圆程度、风化程度、含细粒土情况、密实度、胶结物和胶结程度等;
b) 细粒土的颜色、湿度、可塑性、状态、摇震反应、干强度、韧性等;
c) 有机物的含量和分解程度、沼气等可燃气体的分布。

6.4 地质构造调绘

6.4.1 地质构造调绘宜包括下列内容:
a) 褶皱、断层的分布、产状、形态、规模、类型、性质、组合形式、交切关系及其所属大地构造单元或构造体系;
b) 构造岩的类型和性质;
c) 新构造运动和活动断裂的发育情况和活动年代,初步判定对工程的影响;
d) 节理裂隙形态、类型和分布密度。

6.4.2 褶皱调绘宜包括下列内容:
a) 褶皱类型、形态、两翼岩层产状;
b) 组成褶皱的岩层年代、岩性、相变、两翼岩层厚度及变化、内部小构造特征等;
c) 褶皱规模、组成形式及形态特征(如梳状褶皱、叠瓦式褶皱)等;
d) 褶皱轴部岩层的破碎程度和两翼层间错动发育情况;

e) 褶皱区水文地质特性。

6.4.3 断层调绘宜包括下列内容：
   a) 断层位置、产状、规模、性质、延伸情况；
   b) 断层破碎带及影响带的宽度、充填和胶结情况；
   c) 断层岩的物质成分、结构及力学性质；
   d) 可根据断层两盘岩层层位、构造特征、擦痕方向和断层带劈理发育等,判定断层的相对错动方向和活动次数,并测定其断距；
   e) 断层切割的地层、岩脉,断裂间的相互切割关系,分析断层的形成时期和发育过程；
   f) 区域性断层、活动断层、顺河大断层、缓倾角断层和层间错动带的分布。

6.4.4 新构造运动及活动断裂调绘宜包括下列内容：
   a) 新构造运动的地貌特征(如断层崖、断层三角面、冲沟走向错位、洪积扇迁移等)；
   b) 活动断裂的产状、水平和垂直断距；
   c) 活动断裂带的破碎程度和胶结特征；
   d) 被活动断裂错动的第四系地层年代测定,其最新活动时限的确定；
   e) 活动断裂与区域构造、地震活动的关系。

6.4.5 节理裂隙调绘应包括下列内容：
   a) 主要节理裂隙的组数及其相互切割关系,节理裂隙密集分布时宜进行统计分析；
   b) 节理裂隙的形态、产状、间距、延伸长度、张开度、充填物性状和成分等；
   c) 不同岩性、不同构造部位节理裂隙的发育规律及随深度的变化特征；
   d) 劈理和片理带所处的构造部位、成因、产状、性质及发育程度等。

6.4.6 节理裂隙统计应符合下列规定：
   a) 节理裂隙统计点宜布置在调绘区范围内,选取风化程度较低、出露面积不小于 $2m^2$ 的基岩露头点。
   b) 节理裂隙统计宜采用扫描线法或取样窗法,每个观测点统计条数不应少于 50 条。
   c) 节理裂隙可采用玫瑰图、极点图、等密图等对结构面的产状、发育规律进行分析,确定优势方位结构面的产状。

6.5 水文地质调绘

6.5.1 水文地质调绘宜包括下列内容：
   a) 地下水的类型、埋藏条件、运动规律及其与地表水的关系；
   b) 含水层、透水层、相对隔水层的分布及厚度,各含水层的补给、径流、排泄条件以及水力联系和与地表水的补排关系；
   c) 地下水露头及地表水补给源的分布范围和类型；
   d) 地下水分水岭的位置及高程。

6.5.2 溪沟、河流、湖泊等地表水体调绘宜包括下列内容：
   a) 地表水体位置、分布范围、所在地层层位；
   b) 地表水流量、水位、最高洪水位及其发生时间、淹没高程和范围；
   c) 地表水与地下水的补排关系。

6.5.3 泉水调绘宜包括下列内容：
   a) 泉水出露位置、所处地貌部位、高程、流出方向；
   b) 泉水出露处地层、岩性和地质构造；
   c) 泉水类型；
   d) 泉水流量及其季节变化；

e) 泉水物理性质、化学成分,可饮用性和受污染情况,温泉或热泉的水温等。

6.5.4 井水调绘宜包括下列内容:
   a) 水井位置、所处地貌部位、井深和井口高程;
   b) 井壁和井底的岩性和地质结构;
   c) 井水位埋深、水位变幅和季节变化,与地表水体的关系;
   d) 根据水位降深及其恢复情况估算涌水量;
   e) 井水物理性质及化学成分。

6.5.5 岩溶水调绘宜包括下列内容:
   a) 可溶岩地层富水程度,圈定储水构造;
   b) 岩溶水出露点的位置、类型、高程、水位、水深、流量、流速、水温及所在层位、岩性、构造条件等;
   c) 岩溶水的补给来源和范围,径流流向和流速,排泄方式、位置和水量变化;
   d) 岩溶水与地表水的相互转化关系。

6.5.6 地表水、泉水、井水、岩溶水均宜取样进行水质分析。

6.6 不良地质调绘

6.6.1 岩溶调绘宜包括下列内容:
   a) 可溶岩的分布、岩性、厚度、产状、结构,可溶岩与非溶岩的接触关系;
   b) 岩溶地貌特征和类型;
   c) 各种岩溶形态的分布位置、形态、规模、高程;
   d) 岩溶水文地质条件;
   e) 岩溶发育程度和发育规律;
   f) 岩溶塌陷形态、规模、数量、散布特征、密集程度和影响范围;
   g) 岩溶塌陷开裂长度、宽度、数量、延伸范围和展布方向等;
   h) 岩溶塌陷成因、结构类型及形成时期;
   i) 当地岩溶、土洞和塌陷治理的经验及已建公路、铁路等的结构、基础类型和埋深。

6.6.2 滑坡调绘宜包括下列内容:
   a) 滑坡体位置、范围、地面坡度、相对高差,滑坡台阶位置、个数和宽度,滑坡壁、滑坡舌、滑坡洼地等的形态特征;
   b) 滑坡裂缝分布、形状、性质、深度、延伸长度、充填情况,滑坡体上树木倾斜和建筑物破坏情况;
   c) 滑坡体所在地层、岩性、构造部位,结构面及其所起的作用,滑坡体的物质组成、原岩结构的破坏情况;
   d) 滑坡体厚度,滑动面位置、形态、擦痕分布,滑动带的物质组成、厚度、颗粒级配、矿物成分、含水状态和力学性质等;
   e) 滑坡区降水量分布、地表逸流、地下水出露情况;
   f) 滑坡产生与强降雨、河流冲沟侧向侵蚀、水库蓄水、工程开挖等因素的关系;
   g) 滑坡体边界条件,稳定性现状,滑坡体后缘山体的稳定性;
   h) 滑坡成因类型,可能的形成时期;
   i) 当地滑坡整治的经验。

6.6.3 崩塌调绘宜包括下列内容:
   a) 危岩和崩塌体的位置、高程、范围;
   b) 危岩和崩塌体的岩土类型、结构、块径大小和塌落的数量;
   c) 崩塌区地形、地层、岩性和地质构造特征,结构面及其所起的作用;
   d) 崩塌类型、成因和形成时期;

e) 危岩的稳定性、发展趋势和对工程的影响；
f) 结合支挡防护工程,查明支挡构筑物地基情况和锚固条件。

6.6.4 岩堆调绘宜包括下列内容：
a) 岩堆位置、高程、范围；
b) 岩堆形成的地质背景；
c) 岩堆补给区的地层岩性、地质构造、节理发育程度和风化程度；
d) 岩堆的形态特征、植被发育情况；
e) 岩堆的物质组成,包括岩块的岩性、粒径、分布、厚度、成层与稳定情况,岩块间填充物的物质成分、颗粒级配、潮湿度、密实度、胶结情况、软弱夹层；
f) 岩堆床的形态、岩性、岩层层序、岩体结构、软弱结构面、软弱夹层特征,以及层间错动、岩石风化破碎程度；
g) 地表水和地下水活动对岩堆稳定性的影响。

6.6.5 泥石流调绘宜包括下列内容：
a) 泥石流的位置、规模、物质组成和状态,以及泥石流发生次数；
b) 泥石流流域的地质、地貌结构、形态特征和植被状况；泥石流形成区、流通区和堆积区的范围、规模,形成区可能启动物质的性质；
c) 泥石流类型、泥石流流体性质、形成条件和形成时期；
d) 形成区应着重调查地层岩性、地质构造、风化破碎情况,不良地质的发育、分布情况,植被情况,人为活动对山坡岩体的破坏,可能发生泥石流的规模及对工程危害程度；
e) 流通区应着重调查沟谷地貌特征、沟床变迁,分析线路通过的可能和方式；
f) 堆积区应着重调查洪积物的厚度、成层情况,分析线路通过的可能和影响；
g) 泥石流流域内的湖泊、水库、弃渣等对泥石流的影响；
h) 根据形成条件和历史活动规律,分析其发展趋势及对工程的影响；
i) 泥石流发展史和周期,当地防治泥石流的规划措施和经验。

6.6.6 采空区和人工洞穴调绘宜包括下列内容：
a) 采空区和人工洞穴的形成年代和采挖方法；
b) 采空区和人工洞穴的范围、深度,采空或洞穴的高度；
c) 采空区和人工洞穴的塌落和积水情况；
d) 采空区和人工洞穴的地面塌陷、台阶和地裂缝特征；
e) 划分采空区的中心区、内边缘区和外边缘区；
f) 对采空区和人工洞穴的稳定性进行初步评价；
g) 采空区及附近建筑物变形和防治措施的经验。

6.6.7 水库坍岸调绘宜包括下列内容：
a) 水库岸缘形态、地层岩性、风化破碎程度和各类结构面特征,覆盖层与下伏基岩的接触关系；
b) 岸坡的稳定和坍塌情况；
c) 库区不良地质的分布、性质,预测储水后可能引起复活及恶化环境地质条件等情况；
d) 预测水库储水后引起地下水壅升和渗漏情况及其对线路和建筑物的影响；
e) 根据不同的地貌、地质条件、水库类型和库岸情况,预测库区坍岸变形范围。

6.7 特殊性岩土调绘

6.7.1 膨胀性岩土调绘宜包括下列内容：
a) 微地貌特征；
b) 膨胀土和膨胀岩的年代、成因、厚度和分布规律；

c) 岩土体裂隙的类型、特征和分布；
d) 膨胀势判别；
e) 既有建筑物的使用和变形破坏情况,基础类型和埋深,人工边坡高度、挖方及填方的坡率以及病害防治的经验。

6.7.2 软土调绘宜包括下列内容：
    a) 软土名称；
    b) 软土的成因类型、分布；
    c) 软土的宏观特征；
    d) 软土的有机质含量及其分解程度,沼气情况；
    e) 软土的含水率及其他物理力学性质；
    f) 软土工程变形情况和工程经验。

6.7.3 花岗岩残积土调绘宜包括下列内容：
    a) 花岗岩残积土的分布、厚度、物质组成、土质类型；
    b) 地层结构、软弱夹层及球状风化体(孤石)的发育情况；
    c) 花岗岩残积土的工程性质；
    d) 下伏基岩的岩性、岩石的破碎程度、风化壳的厚度及其发育情况；
    e) 不良地质的类型、规模、分布及其对路线的影响和避开的可能性。

6.7.4 填土调绘宜包括下列内容：
    a) 填土类型,弃填年代,弃填方式及物质来源；
    b) 填土的分布范围、厚度、分布规律及原地面形态；
    c) 填土的物质成分、颗粒级配、均匀性、密实程度及压缩性；
    d) 填土场地暗埋的塘、滨和坑的分布情况及水文地质条件；
    e) 调查在填土上已建成的永久性或临时建(构)筑物的建筑年代、地基处理方法、采用的地基类型、沉降变形和使用情况及当地的建筑经验等；
    f) 有机质含量高的生活垃圾杂填土、有化学侵蚀性的工业废料杂填土,应调查有毒物质、有害气体、放射性和化学侵蚀性；
    g) 大型垃圾填埋场、坑填垃圾场应调查场地斜坡变形稳定性及有害气体溢出、地下水污染等次生灾害的影响；
    h) 大型弃土场、矿产弃渣场、尾矿坝等溃坝、滑坡后影响线路安全时,应对其场地进行稳定性调查和评价。

6.7.5 红黏土调绘宜包括下列内容：
    a) 红黏土类型、厚度和母岩成分；
    b) 红黏土分布特点,裂隙的特征和分布；
    c) 红黏土的工程性质及其随深度的变化；
    d) 当地对红黏土的工程经验。

6.8 天然建筑材料调绘

6.8.1 天然建筑材料调绘宜包括下列内容：
    a) 工程场地附近土、砂、砾石和石料的天然产地和分布范围；
    b) 天然建筑材料场地及周边的地层岩性、地质构造、水文地质及影响开采的不良地质体的范围、类型、性质；
    c) 天然建筑材料场地有用层的分布、存储量和质量；
    d) 开采条件和运输条件；

e) 天然建筑材料开采对环境的影响。

6.8.2 取土场、砂砾石场地调绘宜包括下列内容：
- a) 砂砾石料和土料的成因、分布、厚度、结构特征、颗粒组成、级配特征、物理力学性质、上覆剥离层及无用夹层、有害夹层的岩性、分布、厚度等；
- b) 可利用开挖料、抬填料、吹填料等其他料源的分布、埋藏条件、岩性、物质组成、物理性质和结构特征等；
- c) 土料路用性能及储量；
- d) 采运条件，包括可征性、交通、排水条件、可挖性。

6.8.3 石料场地调绘应包括下列内容：
- a) 石料的岩性、岩层厚度及产状、夹层的空间分布；
- b) 岩石的矿物成分、结构和构造；
- c) 岩体完整性和岩体风化程度；
- d) 结构面发育程度、产状及填充物；
- e) 覆盖层厚度；
- f) 边坡形态、稳定性及不良地质作用类型及程度；
- g) 附近石料场的开采情况，类比、分析所选料场在爆破开采后的石块破碎情况。

7 路线工程地质调绘

7.1 一般规定

7.1.1 路线工程地质调绘对象可分为一般路段、不良地质路段、特殊性岩土路段和特殊工程路段，特殊工程路段可分为支挡工程路段、改河（沟、渠）工程路段、河岸防护工程路段、重大工点工程路段、路线交叉工程路段。

7.1.2 路线工程地质调绘应符合下列规定：
- a) 各个勘察阶段，均应对路线进行地质调绘。
- b) 预可勘察阶段，应加强不良地质及特殊性岩土路段的地质调绘。
- c) 工可勘察阶段，应加强控制路线方案的越岭地段、区域性断裂通过的峡谷、区域性储水构造地段的地质调绘。
- d) 初步勘察阶段，应结合钻探情况加强对特殊工程路段进行地质调绘。
- e) 详细勘察阶段，应结合钻探情况对初勘调绘资料进行复核；当路线偏离初步设计线位较远时，应进行补充地质调绘。
- f) 工程地质条件简单或较复杂场地，预可和工可勘察阶段的调绘工作可一并进行。
- g) 工程地质调绘前应复核路线方案的变化情况。

7.1.3 路线工程地质调绘范围应符合下列要求：
- a) 一般路段、特殊性岩土路段应至路线两侧各不小于200m。
- b) 不良地质路段应扩大至不良地质的调绘范围。
- c) 支挡工程路段应至可能产生变形失稳岩土体以外不小于50m。
- d) 改河（沟、渠）工程路段应至改河（沟、渠）两侧及上下游。
- e) 河岸防护工程路段应至防护河岸及上下游各不小于200m。
- f) 路线交叉工程路段应至周边环境的调绘范围。

7.1.4 路线工程地质调绘除应按第6章的要求查明工程地质条件外，尚应结合不同路段的工程特点及潜在的工程地质问题，进行针对性的调绘。

7.1.5 不良地质路段地质调绘应符合6.6的规定。

7.1.6 特殊性岩土路段地质调绘应符合6.7的规定。

7.2 一般路段调绘

7.2.1 预可勘察阶段工程地质调绘应重点查明下列内容：
   a) 各类地貌单元的分布位置及大致比例；
   b) 地层岩性可按第四系地层、沉积岩、侵入岩和喷出岩等分类调查，沉积岩的煤系地层和可溶性地层应单列；
   c) 自然边坡宏观结构类型、破坏模式、自然坡高和坡度；
   d) 滑坡、崩塌、泥石流等不良地质点的分布位置；
   e) 沿线岩溶发育形态与发育程度；
   f) 地下水类型；
   g) 公路边坡放坡比、支护与防护措施；
   h) 河流、公路和铁路等线状对象与路线方案的相对关系。

7.2.2 工可勘察阶段工程地质调绘除应查明7.2.1的内容外，尚应查明下列内容：
   a) 丘状、脊状和条状地貌的形态特征；
   b) 第四系地层区的成因类型和物质组成；
   c) 基岩区的岩石坚硬程度、岩体完整程度和岩体风化程度。

7.2.3 初步勘察阶段工程地质调绘除应查明7.2.2的内容外，尚应查明下列内容：
   a) 场地微地貌的形态与特征；
   b) 地层岩性的地质时代、成因类型、风化程度和特殊性质；
   c) 岩层层面、断层、层间错动带、软弱夹层和节理裂隙等结构面的物质组成、起伏程度和充填性质等特征；
   d) 场地及附近区域第四系构造活动的形迹特点与地震活动的关系；
   e) 场地及附近区域的水文地质条件。

7.3 其他路段调绘

7.3.1 支挡工程路段地质调绘应重点查明下列内容：
   a) 地形地貌特征、斜坡坡度和自然稳定状态；
   b) 结构面的产状、规模及发育情况；
   c) 地基地层结构、岩土工程性质及有无软弱夹层；
   d) 地下水对支挡路段的影响；
   e) 悬崖及危岩支挡路段的地基情况和锚固条件。

7.3.2 改河(沟、渠)工程路段地质调绘应重点查明下列内容：
   a) 改河(沟、渠)路段的地形地貌、地质构造及岸坡稳定情况；
   b) 新开河道(沟、渠)路段的地层结构、土质类型、粒径组成；
   c) 不良地质及特殊性岩土的分布及性质；
   d) 地基岩土工程性质；
   e) 新开河道(沟、渠)路段岸坡的稳定性。

7.3.3 河岸防护工程路段地质调绘应重点查明下列内容：
   a) 河岸防护路段及其上下游的地形地貌、地质特征；
   b) 岸坡稳定状态；
   c) 河岸防护路段的水力特征、水位变化、河流的冲淤变化规律；
   d) 防护工程及导流工程部位的地层结构、岩土类型、土的粒径组成；

e) 地基岩土工程性质；

f) 既有河岸防护工程的设计与使用情况。

7.3.4 重大工点工程路段调绘应符合第 8 章的有关规定。

7.3.5 路线交叉工程路段调绘应符合第 9 章的有关规定。

8 工点工程地质调绘

8.1 一般规定

8.1.1 工点工程地质调绘对象可分为路基工程、桥涵工程、隧道工程、沿线设施工程和取(弃)土场，路基工程可分为一般路基、高路堤、陡坡路堤和深路堑，桥涵工程可分为涵洞、小桥、中桥、大桥和特大桥，隧道工程可分为短隧道、中隧道、长隧道和特长隧道。

8.1.2 工点工程地质调绘应符合下列规定：

a) 预可勘察阶段，一般不进行工点工程地质调绘，特殊重点工程除外。

b) 工可勘察阶段，应对大桥及特大桥、长隧道及特长隧道等重大工点工程进行地质调绘。

c) 初步勘察阶段，应对所有工点工程进行地质调绘。

d) 详细勘察阶段，应对初勘调绘成果资料进行复核；当地质条件需进一步查明时，应进行补充地质调绘。

8.1.3 工点工程地质调绘范围应根据工点类型及地质条件确定，且应符合下列要求：

a) 一般路基工程应至路基两侧各不小于 200m。

b) 高路堤、陡坡路堤工程应至两侧堤脚外不小于 2 倍的路堤宽度。

c) 深路堑工程应至两侧堑顶外不小于 3 倍的路堑边坡高度。

d) 大桥及特大桥应至桥轴线、引线及两侧各不小于 1 000m。

e) 涵洞、小桥及中桥应至两侧各不小于 100m。

f) 隧道工程应至两侧各不小于 200m。

g) 沿线设施工程、弃渣场应至拟征地范围外不少于 100m。

h) 位于不良地质地段的工点工程应至不良地质的调绘范围。

8.1.4 工点工程地质调绘除应按第 6 章的要求查明工程地质条件要素外，尚应结合不同工点工程的特点及潜在的工程地质问题，进行针对性的调绘。

8.2 路基工程调绘

8.2.1 路基工程地质调绘应符合下列规定：

a) 一般路基工程地质调绘可与路线工程地质调绘一并进行。

b) 路基工程地质调绘填图单位应划分至组，路堑段宜划分到岩性段。

8.2.2 一般路基工程地质调绘应重点查明下列内容：

a) 地层结构及岩土工程性质；

b) 岩层产状及风化程度；

c) 节理裂隙发育程度、产状、规模、性质及其倾向路基的情况；

d) 不良地质及特殊性岩土的性质、分布范围及对工程的影响。

8.2.3 高路堤工程地质调绘应重点查明下列内容：

a) 覆盖层的厚度、地层结构、成因类型及其与基岩接触面的形态；

b) 基岩埋深、岩性、产状、风化程度、软弱夹层特征及其倾向路基的情况；

c) 沟槽低洼地带软弱土层的分布范围、层位及厚度；

d) 地基岩土的工程性质；

e) 不良地质及特殊性岩土的性质、分布范围及对工程的影响；
f) 地下水活动情况及其对基底稳定性的影响。

8.2.4 陡坡路堤工程地质调绘应重点查明下列内容：
a) 地形地貌、地面横向坡度及其变化情况；
b) 覆盖层的厚度、地层结构、成因类型及其与基岩接触面的形态；
c) 基岩软弱夹层或软弱结构面的性质、形态及其倾向路基的情况；
d) 地基岩土工程性质；
e) 不良地质及特殊岩土的性质、分布及对工程的影响；
f) 地下水活动情况及其对基底稳定性的影响。

8.2.5 深路堑工程地质调绘应重点查明下列内容：
a) 地形条件和植被发育情况；
b) 自然斜坡或人工边坡的高度、坡率及稳定状态；
c) 覆盖层的厚度、地层结构、成因类型、工程性质及其与基岩接触面的形态；
d) 基岩岩性、产状、风化程度、岩体结构类型、软弱夹层特征及其倾向路基的情况；
e) 节理裂隙的发育程度、产状、规模、性质及其倾向路基的情况；
f) 不良地质及特殊性岩土的性质、分布及对工程的影响；
g) 地下水出露位置、流量、活动特征及其对路堑边坡和基底稳定性的影响。

8.3 桥涵工程调绘

8.3.1 中桥、大桥及特大桥工程地质调绘应重点查明下列内容：
a) 地貌条件、岸坡稳定状态和地震动参数；
b) 大气降雨、汇水面积、水位特征等；
c) 水下地形的起伏形态、冲刷淤积情况以及河床的稳定性；
d) 覆盖层的厚度、地层结构、成因类型、工程性质及其与基岩接触面的形态；
e) 基岩风化程度及分带情况；
f) 墩台范围内有无软弱夹层及地基岩土工程性质；
g) 断层分布及活动性，断层破碎带宽度、物质组成、胶结程度和含水情况；
h) 不良地质及特殊岩土的性质、分布及对墩台稳定性的影响；
i) 地下水条件及水的腐蚀性。

8.3.2 小桥、涵洞工程地质调绘应重点查明下列内容：
a) 大气降雨、汇水面积、水位特征等；
b) 地层岩性、地质构造；
c) 沟岸及基底稳定状态；
d) 隐伏的基岩斜坡；
e) 不良地质及特殊岩土的性质、分布及对工程的影响。

8.3.3 地形、地质简单的小桥和涵洞，可按地貌单元进行地质调绘，并搜集地层岩性及地下水位等资料。

8.4 隧道工程调绘

8.4.1 隧道工程地质调绘应符合下列规定：
a) 两个及两个以上特长隧道、长隧道方案比选时，应进行隧址区域工程地质调绘。
b) 特长隧道及长隧道应结合涌水量分析评价进行区域水文地质调绘。
c) 隧道工程地质调绘填图单位宜划分至岩性段。

d) 在隧道洞身及进出口段,应选择代表性部位进行围岩节理调查统计,同一围岩的节理调查统计点数量不宜少于2个。

8.4.2 隧道工程地质调绘应重点查明下列内容：
   a) 岩质隧道应查明岩层层理、片理、节理、软弱结构面的产状及组合形式,断层、褶皱的性质、产状、宽度及破碎程度；
   b) 土质隧道应查明土的成因类型、结构、成分、密实程度、潮湿程度等；
   c) 隧道围岩等级初步划分；
   d) 浅埋段及进出口段应查明覆盖层厚度、岩体风化程度、含水情况及边坡稳定状态；
   e) 深埋段及构造应力集中段应查明地温、围岩产生岩爆或大变形的可能性；
   f) 水库、河流、煤层、采空区、气田、膨胀性地层、有害矿体及富含放射性物质地层的发育情况,不良地质及特殊性岩土的性质、分布及对隧道工程的影响；
   g) 傍山隧道存在偏压的可能性及其危害；
   h) 明洞基底的地质条件及岩土工程性质；
   i) 横洞、平行导洞、斜井、竖井等辅助坑道的工程地质条件。

8.4.3 隧道水文地质调绘应重点查明下列内容：
   a) 隧道通过地段地表水体、井、泉、地下暗河的发育特征；
   b) 岩溶、断裂、地表水体地段产生突水、突泥及塌方冒顶的可能性；
   c) 地下水的类型、水质、侵蚀性、补给来源及涌水量。

8.5 沿线设施工程及弃渣场调绘

8.5.1 沿线设施工程地质调绘应重点查明下列内容：
   a) 地形地貌、地层岩性、地质构造等工程地质条件；
   b) 设施场地的稳定性和适宜性分析评价；
   c) 设施场地地基岩土的工程性质；
   d) 不良地质及特殊性岩土的性质、分布、对工程的影响及可能产生的工程地质问题；
   e) 设施场地基底地下水类型、分布、埋深、变化幅度、补给、径流及排泄条件。

8.5.2 弃渣场地质调绘应重点查明下列内容：
   a) 地形、地面坡度、沟壑密度、地表物质组成、土地利用类型等；
   b) 居民区分布；
   c) 有价值的自然景观、文物及矿产分布,矿产的开采和采空情况；
   d) 滑坡、崩塌、岩溶、不利外倾面等与场地稳定性有关的不良地质作用。

9 周边环境条件调绘

9.1 一般规定

9.1.1 公路周边环境条件调绘对象宜包括工程建设影响范围内的既有(或在建)地面建(构)筑物、地下建(构)筑物、地下管线、道路工程、桥梁工程、隧道工程等。

9.1.2 周边环境条件调绘应符合下列规定：
   a) 预可勘察、工可勘察阶段,周边环境条件调绘宜与路线工程地质调绘一并进行。
   b) 初步勘察、详细勘察阶段,周边环境条件调绘宜与工点工程地质调绘一并进行。
   c) 预可勘察、工可勘察阶段,应提交公路周边环境条件调查成果表。
   d) 初步勘察阶段,应提交公路周边环境条件调查成果表和平面布置图。
   e) 详细勘察阶段,必要时应提交公路周边环境条件专项调绘报告。

9.1.3 公路周边环境条件调绘范围应符合下列要求：
   a) 调绘范围原则上为线路两侧各不少于30m的范围。
   b) 路堑土质边坡工程区段，调绘范围应至可能滑移后缘外不小于30m的范围。
   c) 路堑岩质边坡工程区段，若无外倾结构面控制时，调绘范围应至坡肩外2倍边坡高度的水平距离的范围。
   d) 路堑岩质边坡工程区段，若有外倾结构面控制时，调绘范围应至控制性结构面影响范围外不少于20m的范围。
   e) 沿线设施工程区段，调绘范围应至设施结构边线外不少于30m的范围。

9.1.4 公路周边环境条件调绘宜采用1:500～1:2 000比例尺。

9.1.5 公路周边环境条件调绘应在取得沿线地形图的基础上，采用资料收集、实地调查走访和必要的现场勘查与探测等手段开展调绘工作。

9.2 周边环境条件调绘内容

9.2.1 公路周边环境条件调绘宜包括下列内容：
   a) 调绘对象的名称、类型、地理位置与用途；
   b) 调绘对象的修建年代、产权人或管理单位；
   c) 调绘对象的地勘、设计、竣工资料及使用现状等；
   d) 调绘对象有无特殊保护要求；
   e) 调绘对象与公路工程的空间关系及相互影响。

9.2.2 地面建（构）筑物调绘内容除符合9.2.1的规定外，尚应重点调绘下列内容：
   a) 基础平面分布图；
   b) 地基基础形式、埋深及持力层；
   c) 上部结构形式及荷载。

9.2.3 地下建（构）筑物调绘内容除符合9.2.1的规定外，尚应重点调绘下列内容：
   a) 平面分布位置及外轮廓尺寸；
   b) 结构形式及持力层；
   c) 顶板、底板埋深及高程；
   d) 原施工开挖范围。

9.2.4 地下管线调绘内容除符合9.2.1的规定外，尚应重点调绘下列内容：
   a) 管线平面位置及埋深；
   b) 管线功能、材质、规格；
   c) 管线数量及展布方向；
   d) 必要时应开展地下管线探测工作。

9.2.5 既有道路、桥梁工程调绘内容除符合9.2.1的规定外，尚应重点调绘下列内容：
   a) 基础形式；
   b) 基础埋置深度及持力层；
   c) 结构形式。

9.2.6 既有隧道工程调绘内容除符合9.2.1的规定外，尚应重点调绘下列内容：
   a) 顶板、底板埋深及高程；
   b) 断面尺寸；
   c) 衬砌结构形式及厚度。

9.3 周边环境条件调绘成果

9.3.1 公路周边环境条件调查成果表应包括下列内容：

a) 调绘对象名称、类型、地理位置、修建年代和使用情况；
b) 本规程9.2.2～9.2.6对各调绘对象的调查内容。

9.3.2 公路周边环境条件平面布置图应符合下列规定：

a) 平面图宜采用比例尺为1:500～1:2 000的地形图作为底图。
b) 地面建构筑物应在平面图上绘制其基础平面分布位置，并用图例、符号及文字说明其名称、类型及埋置深度等。
c) 地下建构筑物、地下管线、道路、桥梁、隧道应在平面图上绘制其具体位置，并用图例、符号及文字说明其名称、类型及高程等。

9.3.3 公路周边环境条件专项调绘报告应包括下列内容：

a) 工程概况；
b) 调绘目的和依据；
c) 调绘范围和对象；
d) 调绘方法和手段；
e) 调绘完成工作量；
f) 调绘成果汇总；
g) 调绘工作遗留问题。

10 资料整理与成果编制

10.1 一般规定

10.1.1 工程地质调绘成果资料编制前应对原始资料进行整理、分析。

10.1.2 调绘成果资料应在原始资料整理基础上，根据任务要求和工程需要编制工程地质调绘综合图件和文字报告。

10.1.3 调绘成果资料可合并到工程地质勘察报告中，也可单独编写工程地质调绘报告。

10.1.4 调绘成果资料应内容完整可靠、数据真实，图示清晰整洁、规范，文字简练、结论明确、建议合理，图件、表格、文字说明应相符。

10.1.5 成果资料所用图示、图例应符合附录Ⅰ的规定。

10.1.6 成果资料所用术语、代号、符号、计量单位等应符合国家及湖北省有关标准的规定。

10.1.7 有条件时，宜将调绘成果资料制成数据库或地理信息系统。

10.2 原始资料整理与验收

10.2.1 原始资料应包括下列内容：

a) 地质调绘野外手图；
b) 地质调绘记录表和原始资料；
c) 修正补充航片、卫片、陆地摄影等遥感技术资料；
d) 标本、照片和摄像资料等。

10.2.2 地质调绘野外手图内容应全部转绘到同比例尺地形图底图上，加上图框、比例尺、图名、图例、图签形成实际材料图。

10.2.3 原始资料整理过程中，对疑难地质问题和有争议的重大地质问题，应进行野外复查。

10.3 调绘成果图件

10.3.1 工程地质调绘综合图件应在实际材料图和原始资料整理基础上，根据工程地质调绘任务要求进行绘制。

10.3.2 根据调绘工作对象和任务要求的不同，成果图件可分为全线工程地质图、工点工程地质图和工程地质断面图。

10.3.3 全线工程地质图宜包括下列内容：
  a) 图框、图名、图签、比例尺和坐标；
  b) 地层分界线；
  c) 地质构造线；
  d) 代表性地层成因、时代及岩层产状；
  e) 不良地质及特殊性岩土范围界线；
  f) 地震动参数区划界线；
  g) 综合地质柱状图；
  h) 工程地质分区界线；
  i) 工程地质分区表；
  j) 地质图例及符号。

10.3.4 工点工程地质图宜包括下列内容：
  a) 图框、图名、图签、比例尺和坐标；
  b) 地层分界线；
  c) 地质构造；
  d) 地层成因、时代及岩层产状；
  e) 节理裂隙产状；
  f) 不良地质及特殊性岩土范围界线；
  g) 地质观测点、井泉点、摄影点、勘探点；
  h) 地质图例及符号。

10.3.5 工程地质断面图宜包括下列内容：
  a) 图框、图名、图签、比例尺和坐标；
  b) 地层时代、成因、岩性及岩层产状；
  c) 地质构造；
  d) 地质观测点、井泉点、摄影点、勘探点；
  e) 地质图例及符号。

10.3.6 工程地质图上的内容应充分反映地质规律，同时要注意图面结构的合理性和地质界线的压覆关系。

10.4 调绘成果报告

10.4.1 工程地质调绘报告应根据任务要求、勘察阶段、工程特点等具体情况进行编写。

10.4.2 工程地质调绘报告包括下列内容：
  a) 前言包括：任务来源与要求、已有资料可利用程度与存在问题、调绘目的与工作方法、完成工作量、调绘时间与参与人员等；
  b) 自然地理概况包括：调绘区地理位置、交通条件、地形地貌、气象、水文特征及地震动参数区划等；
  c) 工程地质特征包括：调绘区地层岩性及其分布范围、地质构造及其与工程的关系、对工程的影响程度等；
  d) 水文地质特征包括：调绘区地表水、地下水类型，地下水赋存、补给、径流、排泄条件，地下水位及其动态变化，地下水对工程的影响程度等；
  e) 不良地质及特殊性岩土包括：调绘区不良地质及特殊性岩土的分布、类型、特征、规模及发生、

发展的原因和稳定性,对工程的影响程度等;
- f) 天然建筑材料的赋存状况;
- g) 工程地质条件评价,包括路线工程和工点工程地质条件评价;
- h) 存在问题和对下一步勘察工作方法、工作量、重点解决问题的建议;
- i) 不良地质、特殊性岩土一览表,包括里程位置、不良地质或特殊岩土类型名称、主要工程地质及水文地质特征、工程措施意见等;
- j) 各类工点的工程地质条件和工程地质问题一览表;
- k) 周边环境调查成果一览表。

10.4.3 路线工程地质条件评价宜包括下列内容:
- a) 全线不良地质及特殊性岩土对线路的危害程度和处理原则;
- b) 天然建筑材料场地的工程地质条件、储量及质量评价;
- c) 各路线走廊带或通道的工程地质条件及主要工程地质问题分析;
- d) 工可勘察阶段,应对大桥及特大桥、长隧道及特长隧道等控制性工程地段的工程地质条件和主要工程地质问题进行分析评价;
- e) 初步勘察阶段,应对大桥及特大桥、长隧道及特长隧道、高填路堤及陡坡路堤、深挖路堑等控制性工程地段的工程地质条件和主要工程地质问题进行分析评价;
- f) 各路线方案的地质比选意见。

10.4.4 工点工程地质条件评价宜包括下列内容:
- a) 工点工程地质条件及主要工程地质问题分析;
- b) 工点工程周边环境条件分析;
- c) 工点工程建设场地稳定性和适宜性定性评价;
- d) 不良地质、特殊性岩土及工程地质问题的处理措施建议。

附 录 A
（规范性附录）
特殊性岩土分类及野外判别

表 A-1　膨胀土野外地质判别

判别要素	地质特征
地形地貌	地形平缓开阔、具垄岗式地貌、无明显天然陡坎、自然坡度平缓、坡面沟槽发育
地层岩性	以第四系中、上更新统为主，少量为全新统及新第三系
土体特征	颜色以褐黄、棕黄、棕红色为主，夹灰白、灰绿色条带或薄膜。 黏土土质细腻，手触摸有滑感，旱季呈坚硬状，雨季黏滑，液限大于40%。 含有较多的钙质结核，并有豆状铁锰质结核
土体结构	结构致密，易风化成碎块状，更细小的呈鳞片状。 裂隙发育，呈网纹状，裂面光滑，具蜡状光泽，或有擦痕，或有铁锰质薄膜覆盖
力学特性	遇水易沿裂隙崩解成碎块状。 自由膨胀率≥40%。 易产生浅层溜塌、滑坡、地裂

表 A-2　膨胀岩野外地质判别

特征要素	地质特征
地形地貌	地貌一般为波状起伏的低缓丘陵，丘顶多浑圆，坡面圆顺，山坡坡度缓于40°。 岗丘之间多为宽阔的U形谷地。 当具有砂岩夹层时，常形成陡坎
地层岩性	以石炭系、二叠系、三叠系、侏罗系、白垩系和第三系地层为主。 灰白、灰绿、灰黄、紫红和灰色的泥岩、泥质粉砂岩、页岩。 风化的泥灰岩、基性岩浆岩。 蒙脱石化的凝灰岩以及含硬石膏、芒硝的岩石。 岩石由细颗粒组成，遇水时多有滑腻感
岩体特征	多为薄层和中、厚层状构造。 节理裂隙发育，多被富含蒙脱石的物质充填。 风化裂隙多沿构造面、层理面进一步发展。 地表岩石风化后呈碎块状或含碎屑的土状，剥离现象明显
力学特性	天然含水状态的岩石在暴晒时多沿层理方向产生微裂隙。 干燥状态的岩块泡水后易崩解成碎块、碎片和土状

表 A-3 软土分类

分类要素	类别		特征说明
成因类型	海洋沿岸沉积	潟湖相沉积	颗粒细,孔隙比大,强度低,常夹有薄层泥炭
		溺谷相沉积	孔隙比大,结构疏松,含水率高,分布范围窄
		滨海相沉积	面积广,厚度大,夹有粉砂透镜体,孔隙比大
		三角洲相沉积	分选差,夹粉砂薄层,具交错层理,结构疏松
	内陆湖盆沉积	湖相沉积	粉土颗粒成分高,层理均匀清晰,表层多具贝壳
		丘陵各地相沉积	沿沟谷呈带状分布,沟口和谷中心深,靠山边浅
	河滩沉积	河漫滩相沉积	成层情况较不均一,以淤泥和软黏土为主,含中、细砂交错层,呈透镜体分布
		牛轭湖相沉积	
物理特性	淤泥质土		天然孔隙比 $1<e<1.5$,有机质含量 $3\%\sim10\%$
	淤泥		天然孔隙比 $e>1.5$,有机质含量 $3\%\sim10\%$
	泥炭质土		天然孔隙比 $e>3$,有机质含量 $10\%\sim60\%$
	泥炭		天然孔隙比 $e>10$,有机质含量大于 60%

表 A-4 花岗岩残积土分类

土名	特征说明
砾质黏性土	土中大于 2mm 的颗粒含量 $\geq 20\%$
砂质黏性土	土中大于 2mm 的颗粒含量 $<20\%$
黏性土	土中不含大于 2mm 的颗粒

表 A-5 填土分类

分类要素	类别	特征说明
物质组成	素填土	由碎石土、砂土、粉土和黏性土等一种或几种材料组成,不含杂质或含杂质很少
	杂填土	含有大量建筑垃圾、工业废料或生活垃圾等杂物,土质不均
	冲填土	由水力冲填泥沙形成,土层分布不均,多呈透镜状、薄片状
	填筑土	经分层碾压或夯实填筑的土,一般成分单一,土质较均匀
堆填时间	老填土	粗颗粒堆填时间在 10 年以上或细颗粒堆填时间在 20 年以上
	新填土	粗颗粒堆填时间在 10 年之内或细颗粒堆填时间在 20 年之内

表 A-6 红黏土分类

分类要素	类别	特征说明
坚硬状态	坚硬	含水比 $a_w \leq 0.55$
	硬塑	含水比 $0.55 < a_w \leq 0.70$
	可塑	含水比 $0.70 < a_w \leq 0.80$

表 A-6（续）

分类要素	类别	特征说明
坚硬状态	软塑	含水比 $0.80 < a_w \leq 1.00$
	流塑	含水比 $a_w > 1.00$
裂隙发育	致密状	偶见裂隙（<1 条/m）
	巨块状	较多裂隙（1~5 条/m）
	碎块状	富裂隙（>5 条/m）
均匀性	均匀	全部由红黏土组成
	不均匀	由红黏土与岩石组成

附 录 B
（规范性附录）
岩溶分类及岩溶塌陷稳定状态野外判别

表 B-1 岩溶分类

分类要素	类 别	特 征 说 明
充填特征	充填型溶洞	有充填物充填的岩溶
	半充填型溶洞	岩溶溶腔内既有部分充填物，又有一部分空腔的岩溶
	无充填型溶洞	岩溶溶腔内无充填物，为干溶腔的岩溶
形态规模	裂隙型岩溶	由构造裂隙经溶蚀形成的岩溶裂隙，地下水运动不符合达西定律
	管道型岩溶	岩溶裂隙被进一步溶蚀扩大呈汇流的管道特征，地下水运动符合达西定律
	洞穴型岩溶	规模小于$50m^3$的干溶洞或充填型溶洞
	大型溶洞	规模大于$50m^3$的干溶洞或充填型溶洞
埋藏条件	裸露型岩溶	可溶岩直接出露地表，被第四系沉积物覆盖厚度不超过10m
	浅覆盖型岩溶	可溶岩被第四系沉积物部分覆盖，覆盖率在30%~70%，覆盖厚度小于30m
	深覆盖型岩溶	可溶岩被第四系沉积物大部分覆盖，覆盖率超过70%，覆盖厚度大于30m
	埋藏型岩溶	可溶岩被非可溶岩覆盖，无岩溶景观显露地表，埋深大于100m
形成年代	古岩溶	形成于新生代以前，溶蚀凹槽和溶洞中填充有新生代以前沉积的岩石
	近代岩溶	形成于新生代之后，溶蚀凹槽和洞隙呈空洞状或填充第三系、第四系沉积物
发育程度	岩溶强发育	地表岩溶发育密度 >5 个/km^2
	岩溶中等发育	地表岩溶发育密度 1~5 个/km^2
	岩溶弱发育	地表岩溶发育密度 <1 个/km^2
塌陷面积	特大型塌陷	塌陷面积 $S>20km^2$
	大型塌陷	塌陷面积 $10km^2<S≤20km^2$
	中型塌陷	塌陷面积 $1km^2<S≤10km^2$
	小型塌陷	塌陷面积 $S<1km^2$

表 B-2 岩溶塌陷稳定状态野外判别

稳定状态	特征要素				备 注
	地形地貌	充填情况	堆积物	地下水	
稳定差	塌陷周围环形裂缝发育较齐全，其宽度、长度都有进一步发展的趋势，坑底有下沉开裂迹象，植被不发育	塌陷尚未或已经受到轻微充填改造	疏松，呈软塑至流塑状	有地表水流汇集注入迹象，水流入渗迅速	正在活动的塌陷
稳定较差	坑底参差凹凸的现象明显，植被较发育	塌陷已部分被充填改造	疏松或稍密，呈软塑至可塑状	有地表水流汇集注入迹象，水流入渗缓慢	接近或达到休止状态的塌陷，当环境改变时可能复活

表 B-2（续）

稳定状态	特征要素				备注
	地形地貌	充填情况	堆积物	地下水	
稳定好	坑底参差凹凸的现象不明显，植物生长茂密，已遮盖大部分地面	塌陷已完全被充填改造	较密实，呈可塑状	无地表水流汇集注入现象，雨后坑中积水消散较慢	不再活动的塌陷

附 录 C
（规范性附录）
滑坡分类及稳定状态野外判别

表 C-1 滑 坡 分 类

分类要素	类 别		特 征 说 明
滑面埋深	浅层滑坡		滑动面埋深 $H \leq 6\mathrm{m}$
	中层滑坡		滑动面埋深 $6\mathrm{m} < H \leq 20\mathrm{m}$
	深层滑坡		滑动面埋深 $H > 20\mathrm{m}$
滑体体积	小型滑坡		滑坡体积 $V \geq 4 \times 10^4 \mathrm{m}^3$
	中型滑坡		滑坡体积 $4 \times 10^4 \mathrm{m}^3 < V \leq 3 \times 10^5 \mathrm{m}^3$
	大型滑坡		滑坡体积 $3 \times 10^5 \mathrm{m}^3 < V \leq 1 \times 10^6 \mathrm{m}^3$
	巨型滑坡		滑坡体积 $V > 1 \times 10^6 \mathrm{m}^3$
滑动方式	推移式滑坡		中上部滑体挤压推动前缘段产生滑动形成的滑坡
	牵引式滑坡		前缘段发生滑动后牵引后部滑体形成的滑坡
	复合式滑坡		上部滑体挤压推动，下部滑体牵引拖拽形成的滑坡
发生年代	新滑坡		现今正在发生滑动的滑坡
	老滑坡		全新世以来发生滑动，现今整体稳定的滑坡
	古滑坡		全新世以前发生滑动的滑坡，现今整体稳定的滑坡
物质组成	堆积层滑坡		由滑坡、崩塌等形成的块碎石堆积体，沿下伏基岩或体内滑动
	土质滑坡	黄土滑坡	由黄土构成，大多发生在黄土体中，或沿下伏基岩面滑动
		膨胀土滑坡	由膨胀土构成，大多发生在膨胀土体中，或沿下伏基岩面滑动
		堆填土滑坡	由人工开挖堆填弃渣构成，次生滑坡
		残坡积层滑坡	由基岩风化壳、残坡积土等构成，通常为浅表层滑动
	基岩滑坡	近水平滑坡	由基岩构成，沿缓倾岩层或裂隙滑动，滑动面倾角 $\leq 10°$
		顺层滑坡	由基岩构成，沿顺坡岩层滑动
		切层滑坡	由基岩构成，沿倾向山外的软弱面滑动
		逆层滑坡	由基岩构成，沿倾向坡外的软弱面滑动
		楔形体滑坡	由块状岩体构成，沿多组弱面切割成的楔形体滑动
	破碎岩滑坡		由碎裂、散体类岩体构成，沿体内贯通性面滑动

表 C-2 滑坡稳定状态野外判别

特征要素	滑坡稳定状态		
	稳定差	稳定较差	稳定好
滑坡前缘	前缘临空或隆起,坡度较陡且常处于地表径流的冲刷之下,有发展趋势并有季节性泉水出露,岩土潮湿、饱水	前缘临空,有间断季节性地表径流流经,岩土体较湿	前缘斜坡较缓,临空高差小,无地表径流流经和继续变形的迹象,岩土体干燥
滑体	坡面上有多条新发展的滑坡裂缝,其上建筑物、植被有新的变形迹象	坡面上局部有小的裂缝,其上建筑物、植被无新的变形迹象	坡面上无裂缝发展,其上建筑物、植被未有新的变形迹象
滑坡后缘	后缘壁上可见擦痕或有明显位移迹象,后缘有裂缝发育	后缘有断续的小裂缝发育,后缘壁上有不明显变形迹象	后缘壁上无擦痕和明显位移迹象,原有的裂缝已被充填
滑坡两侧	有羽状拉张裂缝或贯通形成滑坡侧壁边缘裂缝	有较小的羽状拉张裂缝,未贯通	无羽状拉张裂缝

附 录 D
（规范性附录）
崩塌分类及稳定状态野外判别

表 D-1 崩塌分类

分类要素	分 类	特 征 说 明
崩坍体积	小型崩塌	崩坍体积 $V \leq 500 m^3$
	中型崩塌	崩坍体积 $500 m^3 < V \leq 5\,000 m^3$
	大型崩塌	崩坍体积 $V > 5\,000 m^3$
形成机理	倾倒式崩塌	起始运动形式为倾倒
	滑移式崩塌	起始运动形式为滑移
	鼓胀式崩塌	起始运动形式为鼓胀伴有下沉、滑移、倾斜
	拉裂式崩塌	起始运动形式为拉裂
	错断式崩塌	起始运动形式为错落

表 D-2 崩塌形成机理野外判别

崩塌类型	特征要素			
	岩性	结构面	地形	受力状态
倾倒式崩塌	黄土、直立或陡倾坡内的岩层	多为垂直节理、陡倾坡内~直立层面	峡谷、直立岸坡、悬崖	主要受倾覆力矩作用
滑移式崩塌	多为软硬相间的岩层	有倾向临空面的结构面	陡坡通常大于55°	滑移面主要受剪切力
鼓胀式崩塌	黄土、黏土、坚硬岩层下伏软弱岩层	上部垂直节理，下部为近水平的结构面	陡坡	下部软岩受垂直挤压
拉裂式崩塌	多见于软硬相间的岩层	多为风化裂隙和重力拉张裂隙	上部突出的悬崖	拉张
错断式崩塌	坚硬岩层、黄土	垂直裂隙发育，通常无倾向临空面的结构面	大于45°的陡坡	自重引起的剪切力

表 D-3 崩塌稳定状态野外判别

特征要素	崩塌稳定状态		
	稳定差	稳定较差	稳定好
地形地貌	前缘临空甚至三面临空，坡度>55°，出现"鹰咀"崖，顶底高差>30m，坡面起伏不平，上陡下缓	前缘临空，坡度>45°，坡面不平	前缘临空，坡度<45°，坡面较平，岸坡植被发育
地质结构	岩性软硬相间，岩土体结构松散破碎，裂缝裂隙发育切割深，形成了不稳定的结构体，不连续结构面	岩体结构较碎，不连续结构面少，节理裂隙较少，岩土体无明显变形迹象，有不规则小裂缝	岩体结构完整，不连续结构面少，无节理、裂隙发育，岸坡土堆较密实，无裂缝变形
水文气象	雨水充沛、气温变化大、昼夜温差明显。有地表径流、河流流经坡脚，其水流急，水位变幅大，属侵蚀岸	存在大~暴雨诱发因素	无地表径流或河流水量小，属堆积岸，水位变幅小
人类工程活动	人工破坏严重，岸坡无护坡，人工边坡坡度>60°，岩体结构破碎	开挖形成软弱基座陡崖，或下部存在凹腔，边坡坡度40°~60°	人类工程活动很少，岸坡有砌石护坡，人工边坡坡度小于40°

附 录 E
（规范性附录）
泥石流分类及发育阶段野外判别

表 E-1 泥石流分类

分类要素	类别	特征说明
水源类型	暴雨型泥石流	由暴雨因素激发形成的泥石流
	溃决型泥石流	由水库、湖泊等溃决因素激发形成的泥石流
	冰雪融水型泥石流	由冰、雪消融水流激发形成的泥石流
	泉水型泥石流	由泉水因素激发形成的泥石流
地貌部位	山区泥石流	峡谷地形，坡陡势猛，破坏性大
	山前区泥石流	宽谷地形，沟长坡缓势较弱，危害范围大
流域形态	沟谷型泥石流	流域呈扇形或狭长条形，沟谷地形，沟长坡缓，规模大
	山坡型泥石流	流域呈斗状，无明显流通区，形成区与堆积区直接相连，沟短
物质组成	泥流	由细粒径土组成，偶夹砂砾，黏度大，颗粒均匀
	泥石流	由土、砂、石混杂组成，颗粒差异较大
	水石流	由砂、石组成，粒径大，堆积物分选性强
物质来源	滑坡泥石流	固体物质主要由滑坡堆积物组成
	崩塌泥石流	固体物质主要由崩塌堆积物组成
	沟床侵蚀泥石流	固体物质主要由沟床堆积物侵蚀提供
	坡面侵蚀泥石流	固体物质主要由坡面或冲沟侵蚀提供
流体性质	黏性泥石流	层流，有阵流，浓度大，破坏力强，堆积物分选性差
	稀性泥石流	紊流，散流，浓度小，破坏力较弱，堆积物分选性强
发育阶段	发育期泥石流	山体破碎不稳，日益发展，淤积速度递增，规模小
	旺盛期泥石流	沟坡极不稳定，淤积速度稳定，规模大
	衰败期泥石流	沟坡趋于稳定，以河床侵蚀为主，有淤有冲，由淤转冲
	停歇期泥石流	沟坡稳定，植被恢复，冲刷为主，沟槽稳定
规模	巨型泥石流	固体物质储量 $V_v > 1 \times 10^6 \, m^3/km^2$，一次冲出量 $V_c > 1 \times 10^5 \, m^3$
	大型泥石流	固体物质储量 $1 \times 10^5 \, m^3/km^2 < V_v \leq 1 \times 10^6 \, m^3/km^2$，一次冲出量 $5 \times 10^4 \, m^3 < V_c \leq 1 \times 10^5 \, m^3$
	中型泥石流	固体物质储量 $5 \times 10^4 \, m^3/km^2 < V_v \leq 1 \times 10^5 \, m^3/km^2$，一次冲出量 $1 \times 10^4 \, m^3 < V_c \leq 5 \times 10^4 \, m^3$
	小型泥石流	固体物质储量 $V_v \leq 5 \times 10^4 \, m^3/km^2$，一次冲出量 $V_c \leq 1 \times 10^4 \, m^3$
频率	高频泥石流	基本上每年发生，泥石流暴发雨强 ≤4mm/10min
	低频泥石流	泥石流暴发周期一般在10年以上，泥石流暴发雨强 >4mm/10min

表 E-2 泥石流地貌部位野外判别

特征要素	山区泥石流	山前区泥石流
流域特征	堆积扇位于山区,逼近河流,发育不完全,常被大河切割,扇面纵坡陡	堆积扇位于山前区,逼近河流,发育完全,扇面纵坡较缓,离大河远,不受大河切割
地貌位置	由于大河水位涨落的控制,泥石流一次冲淤变幅大	以淤为主,冲淤变幅小
冲淤特征	规模大、来势猛、过程长、强度大,堆积物有分段搬运现象	规模小、来势快、过程短、冲击力大,堆积物多为一次搬运

表 E-3 泥石流流域形态野外判别

特征要素	沟谷型泥石流	山坡型泥石流
流域特征	流域面积 $S>1km^2$,主沟长度 $L>2km$;沟谷形态明显,支沟发育,流域呈长条形、葫芦形或树枝形等;有明显的形成区、流通区和堆积区;沟内常发育有崩塌、滑坡	流域面积 $S\leq1km^2$,主沟长度 $L\leq2km$;沟谷短、浅、陡,沟坡与山坡坡度基本一致;无明显流通区和堆积区;沟内面蚀、沟蚀严重
沟口堆积物特征	堆积物呈扇形或带状分布,颗粒磨圆度较好,棱角不明显	堆积物呈锥形分布,颗粒较粗大,磨圆度差,棱角明显
灾害特征	规模大、来势猛、过程长、强度大,堆积物有分段搬运现象	规模小、来势快、过程短、冲击力大,堆积物多为一次搬运

表 E-4 泥石流物质成分及流体性质野外判别

特征要素		稀性			黏性	
		泥流	水石流	泥石流	泥流	泥石流
流体特征	流体密度(t/m^3)	1.3~1.5	1.3~1.6	1.3~1.8	1.5~1.9	1.8~2.3
	运动特征	由稀性浆体与砂砾石块组成,浆体起搬运介质作用,流体中的石块等粗碎屑物质的运动速度小于浆体运动速度,石块沉底被推移滚动前进,有明显垂直交换,呈连续紊动流,无阵流现象			由黏性浆体与砂砾组成,石块等粗碎屑物质被束缚于黏稠的浆体中,无垂直交换,近似层流,整体以等速度前进,运动过程发生断流,有明显阵流现象	
沉积特征		流体停积后水与固体物质很快离析,沉积阶段有分选性,堆积物细颗粒含量少,空隙大,结构松散,常呈垄岗或扇状的松散石质堆积体分布,表面碎块石密集,坎坷不平			流体停积后保持运动时的结构特征,堆积阶段无分选性,堆积物细颗粒含量多,大小混杂,空隙小,结构较致密,常呈扇状或舌状的泥石质堆积体分布,表面起伏不平,但较平坦	
冲淤特征		比一般洪水破坏力大,有冲、有淤,以冲刷危害为主			比稀性泥石流破坏力大,大冲、大淤,以淤积危害为主	

表 E-5 泥石流发育阶段野外判别

特征要素	发育阶段			
	发展期	旺盛期	衰退期	停歇期
形态特征	山坡以凸型为主,形成区分散并逐步扩大,流通区较短,扇面新鲜,淤积较快	山坡从凸型坡转为凹形坡,沟槽堆积和堵塞现象严重,形成区扩大,流通区向上延伸,扇面新鲜,漫流现象严重	山坡以凹型为主,形成区减少,流通区向上延伸,沟槽逐渐下切,扇面陈旧,生长植物,植被较好	全沟下切,沟槽稳定,形成区基本消失,逐渐变为普通洪流,植被良好
山坡块体运动	发展明显,多见新生沟谷,有少量滑坡、崩塌等	严重发育,供给物主要来自崩塌、滑坡、错落等,片蚀、侧蚀也很发育	明显衰退,坍塌渐趋稳定,以沟槽搬运及侧蚀供给为主	山坡块体运动基本消失
塌方面积率(%)	1~10	≥10	10~1	<1
单位面积固体物质储量(万 m^3)	1~10	≥10	10~1	<1
冲淤性质与趋势	以淤为主,淤积速度增快	以淤为主,淤积值大	有冲有淤,淤积速度减小	冲刷下切
危害程度	较大	最大	较大	小

附 录 F
（规范性附录）
岩堆分类及稳定状态野外判别

表 F-1 岩 堆 分 类

分类指标	分 类	特 征 说 明
岩堆体积	小型岩堆	岩堆体积 $V \geqslant 4 \times 10^4 m^3$
	中型岩堆	岩堆体积 $4 \times 10^4 m^3 < V \leqslant 3 \times 10^5 m^3$
	大型岩堆	岩堆体积 $3 \times 10^5 m^3 < V \leqslant 1 \times 10^6 m^3$
	巨型岩堆	岩堆体积 $V > 1 \times 10^6 m^3$
植被发育	裸露型岩堆	岩堆呈大小不等、形状不规则的斑块状，分布在斜坡及山岭地带
	覆盖型岩堆	岩堆表层覆盖有薄的腐殖土，有大量的植物根系，其中含土量很少

表 F-2 岩堆稳定状态野外判别

稳 定 状 态	特 征 说 明
正在发展岩堆	山坡基岩裸露，坡面参差不齐，有新崩塌痕迹，常有落石和碎石
趋于稳定岩堆	岩堆上方的基岩大部分已稳定，具有平顺的轮廓，仅有个别的落石和碎石
稳定岩堆	岩堆上方的基岩已稳定，坡度平缓，不稳定的岩块已完全剥落，岩堆的坡面呈凹形，已长满草木，无颜色新鲜的石块

附 录 G
（规范性附录）
采空区（人工洞穴）分类及稳定状态野外判别

表 G-1 采空区（人工洞穴）分类

分类要素	类别	特征说明
开采时间	老采空区	已停止开采且地表移动变形衰退期已结束的采空区
	新采空区	正在开采或虽已停止开采但地表移动变形仍未结束的采空区
	未来采空区	计划开采而尚未开采，预计将形成的采空区
开采深度	浅层采空区	开采深度小于 50m 或采深采厚比不大于 30 的采空区
	中深层采空区	开采深度介于 50m～200m 之间或采深采厚比介于 30～60 的采空区
	深层采空区	开采深度大于 200m 或采深采厚比大于 60 的采空区
采空程度	大面积采空区	采空范围宽大、深度较深，多呈片状式，地表会产生移动盆地的采空区
	小型采空区	采空范围狭窄、深度较浅，多呈巷道式，地表不会产生移动盆地的采空区

表 G-2 采空区（人工洞穴）稳定状态野外判别

稳定状态	特征要素				备注
	地形地貌	充填情况	堆积物	地下水	
稳定差	塌陷周围环形裂缝发育较齐全，其宽度、长度都有进一步发展的趋势，坑底有下沉开裂迹象，植被不发育	塌陷尚未或已经受到轻微充填改造	疏松，呈软塑至流塑状	有地表水流汇集注入迹象，水流入渗迅速	正在活动的塌陷
稳定较差	坑底参差凹凸的现象明显，植被较发育	塌陷已部分被充填改造	疏松或稍密，呈软塑至可塑状	有地表水流汇集注入迹象，水流入渗缓慢	接近或达到休止状态的塌陷，当环境改变时可能复活
稳定好	坑底参差凹凸的现象不明显，植物生长茂密，已遮盖大部分地面	塌陷已完全被充填改造	较密实，呈可塑状	无地表水流汇集注入现象，雨后坑中积水消散较慢	不再活动的塌陷

附 录 H
（资料性附录）
工程地质野外调绘点记录样表

表 H-1 地形地貌调绘点记录表

工程名称：
里程桩号：　　　　　　第　页,共　页　　　　天气：　　　　填表日期：

观测点编号		X 坐标		Y 坐标		高程(m)	
露头位置		地层年代		地层岩性		岩层产状	
地貌单元		□构造剥蚀地貌　□山麓堆积地貌　□河谷地貌　□河谷阶地 □湖泊地貌　　　□沼泽地貌　　　□冲沟地貌　□岩溶地貌 □不良地质地貌　□人工改造地貌						
形态特征							
成因类型							
地貌与新构造运动关系							
植被类型		□农作物　□草地　□灌木　□森林				植被覆盖率	
地貌示意图/素描图 （与线路位置关系）							
照片编号							

调绘单位：　　　　项目负责人：　　　　调绘人：　　　　审核人：

表 H-2 地层岩性调绘点记录表

工程名称：
里程桩号：　　　　　　　　第　页，共　页　　　　　天气：　　　　　　填表日期：

观测点编号		X 坐标		Y 坐标		高程(m)	
	露头位置	与路线的相对位置关系					
沉积岩	岩石类别	□碎屑岩类	□泥质岩类	□化学、生物岩类		□煤系地层	□软弱夹层
	岩石名称		地质年代			岩层厚度	
	岩石颜色		结构构造			岩层产状	
	坚硬程度	□坚硬岩	□较坚硬岩	□较软岩		□软岩	□极软岩
	层理类型	□斜层理	□水平层理	□波状层理		□块状层理	
	接触关系	□整合接触	□平行不整合接触	□角度不整合接触		□假角度不整合接触	
	风化程度	□未风化	□微风化	□中风化		□强风化	□全风化
	特殊夹层						
	其他描述						
岩浆岩	成因类型	□侵入岩	□喷出岩	接触关系	□侵入接触	□沉积接触	□断层接触
	岩石名称		岩石颜色			形成时代	
	矿物成分		岩脉厚度			岩脉产状	
	坚硬程度	□坚硬岩	□较坚硬岩	□较软岩		□软岩	□极软岩
	风化程度	□未风化	□微风化	□中风化		□强风化	□全风化
	其他描述						
变质岩	岩石类别	□片麻岩类	□片岩类	□千枚岩	□板岩类	□块状变质岩类	□混合岩类
	变质类型	□热液变质作用	□接触变质作用	□动力变质作用		□区域变质作用	
	岩石名称		岩石颜色			形成时代	
	矿物成分		结构构造			岩层产状	
	坚硬程度	□坚硬岩	□较坚硬岩	□较软岩		□软岩	□极软岩
	风化程度	□未风化	□微风化	□中风化		□强风化	□全风化
	其他描述						
	照片编号						

调绘单位：　　　　　　项目负责人：　　　　　　调绘人：　　　　　　审核人：

表 H-3 第四系地层调绘点记录表

工程名称：
里程桩号：　　　　　　　第　页，共　页　　　　　　天气：　　　　　　填表日期：

观测点编号			X 坐标		Y 坐标		高程(m)	
露头位置			与路线的相对位置关系					
成因类型			□残积土　□坡积土　□崩积土　□冲积土　□洪积土　□风积土　□湖积土					
形成时代			分布特点					
一般性土	土的分类		□碎石土　□砂土　□粉土　□黏性土		土的名称			
	粗粒土	土体颜色		颗粒组成		颗粒形状		
		分选程度		磨圆程度		母岩成分		
		密实度		胶结物		胶结程度		
	细粒土	土体颜色		潮湿程度		稠度状态		
		摇震反应		干强度		韧性		
	有机物	有机物含量		分解程度		可燃性		
	其他描述							
特殊性土	土的分类		□黄土　□膨胀土　□软土　□花岗岩残积土　□填土　□红黏土					
	土体名称			土体颜色		物质组成		
	工程性质							
	防治经验							
	其他描述							
示意图/素描图								
照片编号								

调绘单位：　　　　　项目负责人：　　　　　调绘人：　　　　　审核人：

表 H-4 地质构造调绘点记录表

工程名称：
里程桩号：　　　　　　第　页,共　页　　　　天气：　　　　　填表日期：

观测点编号			X 坐标		Y 坐标		高程(m)	
露头位置			地层年代		地层岩性		岩层产状	
褶皱描述	褶皱类型		□向斜　□背斜		岩层次序		□正常　□倒转	
	形态规模							
	左翼产状				右翼产状			
	对称性		□对称　□不对称		构造体系			
	其他描述							
断层描述	断层类型		□正断层　□逆断层 □平移断层		岩层次序		□正常　□倒转	
	形态规模							
	上盘产状				下盘产状			
	断层面产状				断距			
	充填情况				胶结程度		□紧密　□中等　□松散	
	其他描述							
新构造运动	运动性质		□上升　□沉降　□稳定		活动强度		□强烈　□中等　□微弱	
	发展趋势		□增强　□减弱　□稳定		构造裂隙产状			
	裂隙性质		□张性　□剪性		裂隙充填性			
	其他描述							
地质构造素描图（与线路位置关系）								
照片编号								

调绘单位：　　　　　　项目负责人：　　　　　　调绘人：　　　　　　审核人：

表 H-5 节理裂隙统计调绘点记录表

工程名称：
里程桩号：　　　　　　　　第　页,共　页　　　　　天气：　　　　　填表日期：

观测点编号		X 坐标		Y 坐标			高程(m)		
露头位置		地层年代		地层岩性			岩层产状		
节理裂隙统计									
裂隙编号	类型	性质	走向(°)	倾向(°)	倾角(°)	延伸长度(m)	张开度(cm)	粗糙程度	充填情况
照片编号									

调绘单位：　　　　项目负责人：　　　　调绘人：　　　　审核人：

表 H-6 水文地质调绘点记录表

工程名称：
里程桩号：　　　　　　第　页,共　页　　　　　天气：　　　　　填表日期：

观测点编号			X 坐标		Y 坐标		高程(m)	
露头位置			类型	□溪沟	□河流	□湖泊	□泉水	□井水　□岩溶水
水文地质特征		出露地形			地貌单元			
		地层岩性			岩层产状			
		构造部位						
水文地质条件		补给来源			补给方式			
		径流方向			径流方式			
		排泄方式			排泄终点			
水流量		实测值			动态变化			
物理性质		颜色			气味			
		口味			透明度			
		气温			水温			
含水层、隔水层特征					水文地质剖面图或素描图			
泉、井、沟出露特征								
照片编号								

调绘单位：　　　　　项目负责人：　　　　　调绘人：　　　　　审核人：

表 H-7 岩溶调绘点记录表

工程名称：

里程桩号：　　　　　　第　页,共　页　　　　天气：　　　　填表日期：

观测点编号			X 坐标		Y 坐标		高程(m)	
露头位置				岩溶类型	□裸露型岩溶		□覆盖型岩溶	□埋藏型岩溶
形成年代		□古岩溶	□近代岩溶	发育程度	□强(>5个/km)		□中(1~5个/km)	□弱(<5个/km)
地层时代			地层岩性		岩层产状		体积规模	
工程地质条件	地形地貌							
	地层岩性							
	地质构造							
	水文地质							
岩溶形态特征	几何特征							
	分布特征							
	发育特征							
岩溶塌陷特征	塌陷类型	□土层塌陷	□基岩塌陷	□重力沉陷		□压密沉陷	□溶蚀沉陷	□流失沉陷
	变形特征							
	分布特征							
	形成过程							
	形成机制							
目前稳定状态		□稳定差	□稳定较差	□稳定好				
已有防治经验及效果								
岩溶平面素描图(与线路位置关系)				岩溶剖面素描图(与线路位置关系)				
照片编号								

调绘单位：　　　　　项目负责人：　　　　　调绘人：　　　　　审核人：

表 H-8 滑坡调绘点记录表

工程名称：
里程桩号：　　　　　　第　页,共　页　　　　　天气：　　　　　填表日期：

观测点编号			X 坐标		Y 坐标		高程(m)	
露头位置				滑坡类型	☐堆积层滑坡	☐土质滑坡	☐岩质滑坡	☐破碎岩滑坡
发生年代	☐新滑坡	☐老滑坡	☐古滑坡	滑动方式	☐推移式		☐牵引式	☐复合式
前缘高程		平面形状		纵向长度			垂向厚度	
后缘高程		剖面形态		横向宽度			体积规模	
工程地质条件	地形地貌							
	地层岩性							
	地质构造							
	水文地质							
	植被发育							
滑坡基本特征	边界特征							
	滑体条件							
	滑带特征							
	滑床特征							
	变形特征							
稳定状态	☐稳定差		☐稳定较差		☐稳定好			
已有防治经验及效果								
滑坡平面素描图(与线路位置关系)				滑坡剖面素描图(与线路位置关系)				
照片编号								

调绘单位：　　　　　项目负责人：　　　　　调绘人：　　　　　审核人：

表 H-9 崩塌调绘点记录表

工程名称：

里程桩号：　　　　　　　　　第　页,共　页　　　　天气：　　　　　填表日期：

观测点编号		X 坐标		Y 坐标		高程(m)	
露头位置			斜坡类型	□人工斜坡	□自然斜坡	□土质斜坡	□岩质斜坡
崩塌方式	□倾倒式崩塌		□滑移式崩塌		□鼓胀式崩塌	□拉裂式崩塌	□错断式崩塌
坡脚高程		坡面形态		纵向长度		垂向厚度	
坡顶高程		地形坡度		横向宽度		体积规模	
崩塌源地质条件	地形地貌						
	地层岩性						
	地质构造						
	水文地质						
	植被发育						
崩塌基本特征	边界特征						
	崩塌体特征						
	基座特征						
	结构面特征						
	变形特征						
稳定状态		□稳定差　　□稳定较差　　□稳定好					
已有防治经验及效果							
崩塌平面素描图(与线路位置关系)				崩塌剖面素描图(与线路位置关系)			
照片编号							

调绘单位：　　　　　项目负责人：　　　　　调绘人：　　　　　审核人：

表 H-10 泥石流调绘点记录表

工程名称：
里程桩号：　　　　　　第　页,共　页　　　　　天气：　　　　　填表日期：

观测点编号		X 坐标		Y 坐标		高程(m)	
露头位置				物质组成	□泥流　　□泥石流　　□水石流		
物质来源		□滑坡泥石流　　□崩塌泥石流　　□沟床侵蚀泥石流　　□坡面侵蚀泥石流					
泥石流工程地质条件	地形地貌						
	地层岩性						
	地质构造						
	水文地质						
	降雨及汇水						
泥石流基本特征	流体性质	□黏性泥石流　　□稀性泥石流		发生频率		□高频泥石流	□低频泥石流
	形成区特征	地形、汇水边界及面积、物质来源及丰富程度、坡度、植被情况等					
	流通区特征	沟谷形态、长度、纵坡降、地层岩性等					
	堆积区特征	堆积体平面形态、前后缘高程、纵横向长度、厚度、体积、物质组成及结构特征等					
	活动历史	时间、频率、历时、规模、危害等					
发育阶段		□发展期泥石流　　□旺盛期泥石流　　□衰退期泥石流　　□停歇期泥石流					
已有防治经验及效果							
泥石流平面素描图(与线路位置关系)				泥石流剖面素描图(与线路位置关系)			
照片编号							

调绘单位：　　　　　项目负责人：　　　　　调绘人：　　　　　审核人：

表 H-11 岩堆调绘点记录表

工程名称：

里程桩号：　　　　　　　第　页，共　页　　　　　天气：　　　　　　填表日期：

观测点编号			X 坐标		Y 坐标		高程(m)	
露头位置				岩堆类型	□裸露型岩堆		□覆盖型岩堆	
崩塌方式			□倾倒式崩塌	□滑移式崩塌	□鼓胀式崩塌	□拉裂式崩塌	□错断式崩塌	
坡脚高程			坡面形态		纵向长度		垂向厚度	
坡顶高程			地形坡度		横向宽度		体积规模	
岩堆地质条件		地形地貌						
		地层岩性						
		地质构造						
		水文地质						
		植被发育						
岩堆基本特征		边界特征						
		形态特征						
		结构特征						
		堆积过程						
		变形特征						
稳定状态			□正在发展岩堆		□趋于稳定岩堆	□稳定岩堆		
已有防治经验及效果								
岩堆素描图（与线路位置关系）					岩堆剖面素描图（与线路位置关系）			
照片编号								

调绘单位：　　　　　项目负责人：　　　　　调绘人：　　　　　审核人：

表 H-12 采空区(人工洞穴)调绘点记录表

工程名称：
里程桩号：　　　　　　第　页,共　页　　　　天气：　　　　　填表日期：

观测点编号			X 坐标		Y 坐标		高程(m)	
露头位置				类型	☐老采空区　☐新采空区　☐未来采空区　☐人工洞穴			
开采时间				采空规模				
采空区工程地质条件	地形地貌							
	地层岩性							
	地质构造							
	水文地质							
	矿体特征							
采空区基本特征	分布范围					开采方法		
	开采深度					开采厚度		
	空间大小					顶板厚度		
采空区塌陷特征	塌陷范围							
	变形特征							
	形成过程							
	形成机制							
稳定状态		☐稳定差　　☐稳定较差　　☐稳定好						
已有防治经验及效果								
采空区(人工洞穴)平面素描图(与线路位置关系)				采空区(人工洞穴)剖面素描图(与线路位置关系)				
照片编号								

调绘单位：　　　　项目负责人：　　　　调绘人：　　　　审核人：

表 H-13 水库坍岸调绘点记录表

工程名称：
里程桩号：　　　　　　　第　页，共　页　　　　　天气：　　　　　　填表日期：

观测点编号			X 坐标		Y 坐标		高程(m)	
露头位置				坍岸类型	□冲刷浪坎型		□坍塌后退型	□塌陷型
坍塌时间				坍塌规模				
坍岸区工程地质条件	地形地貌		岸坡自然稳定坡角、浪击带稳定坡角、水下浅滩坡角					
	地层岩性							
	地质构造							
	水文地质							
	库水变化							
坍岸区基本特征	坍塌范围					坍塌物质		
	坍塌方式					坍塌过程		
	水面宽度					岸边水深		
	变形特征							
已有防治经验及效果								
坍岸区平面素描图（与线路位置关系）				坍岸区剖面素描图（与线路位置关系）				
照片编号								

调绘单位：　　　　项目负责人：　　　　调绘人：　　　　审核人：

附 录 I
（资料性附录）
工程地质调绘常用图示及图例

表 I-1 地质点图示及图例

名　称	图　例	名　称	图　例
观测点	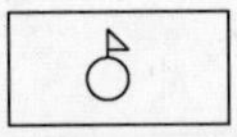	摄影点	
井	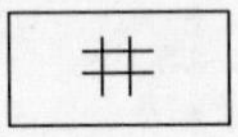	上升泉	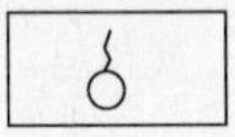
下降泉		温泉	

表 I-2 地貌图示及图例

名　称	图　例	名　称	图　例
冲积(洪积)扇	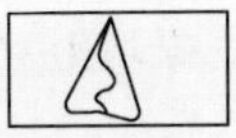	古冲积(洪积)扇	
湿地	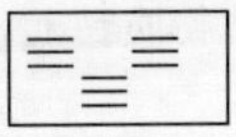	河流阶地（齿数表示几级阶地）	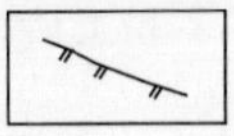
溶蚀洼地	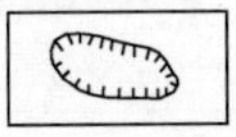		

表 I-3 地质界线图示及图例

名　称	图　例	名　称	图　例
地层分界线（平面图）	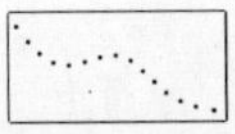	岩层分界线（断面图虚线为推测）	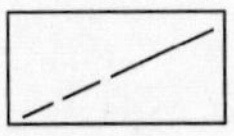
风化界线（W_1-微风化，W_2-弱风化，W_3-强风化）	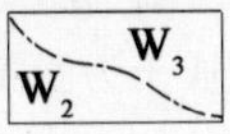	地震动峰值加速度分区界线	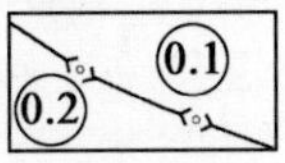
矿区规划开采界线	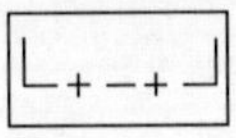	采矿区界限	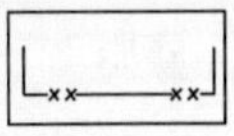
不良地质界限	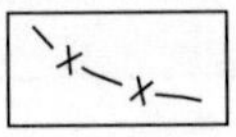	工程地质分区界线（I、II-分区编号）	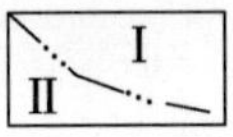

表 I-4 第四系成因图示及图例

名 称	图 例	名 称	图 例
崩积层	Q^{col}	滑坡堆积层	Q^{del}
洪积层	Q^{pl}	人工填筑土	Q^{ml}
人工弃土	Q^{q}	冲积层	Q^{al}
残积层	Q^{el}	坡积层	Q^{dl}

表 I-5 土体图示及图例

名 称	图 例	名 称	图 例
素填土		人工弃土（按实际填土花纹图例）	弃
人工填筑土（按实际填土花纹图例）	人工	杂填土	
粉土		粉质黏土	
黏土		粉、细、中、粗、砾砂（粉、细、中、粗、砾砂对应注 f、x、z、c、l）	f
碎石土		卵石土	
细、粗圆砾土（按实际细、粗圆砾土分别注 x、c）		细、粗角砾土（按实际细、粗角砾土分别注 x、c）	
块石土		漂石土	
泥炭		淤泥（淤泥质土为淤泥图例加相应土的图例）	
膨胀土		软土	
红黏土	h		

表I-6 岩石图示及图例

名　称	符　号	图　例	名　称	符　号	图　例
白云岩	Dm	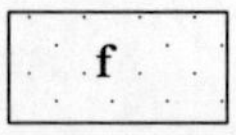 f	泥质砂岩		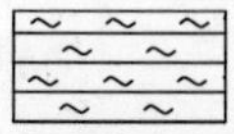
硅质岩	Sir	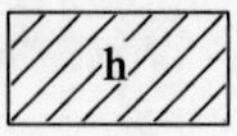 h	砂质页岩		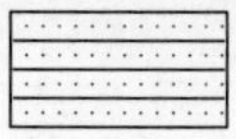
角砾岩	Br	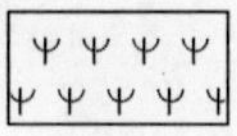	石英砂岩	Qu	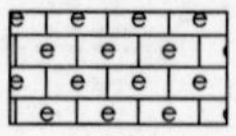
煤层	Cb	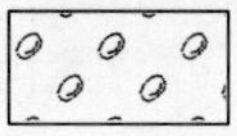	页岩	Sh	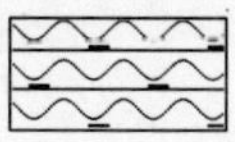
泥质灰岩		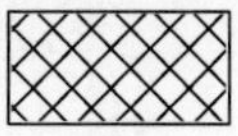	钙质砂岩	Cas	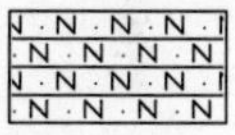
砂质泥岩	Sm	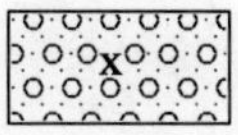 x	灰质白云岩		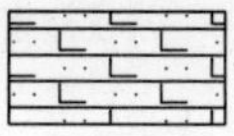
石灰岩	Ls	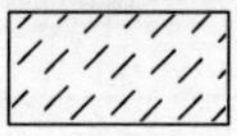	砾岩	Cg	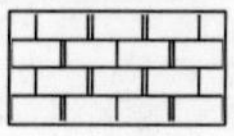
岩溶化灰岩	kLs	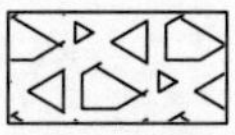	泥岩	Ms	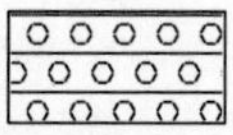
硅质页岩	Sis	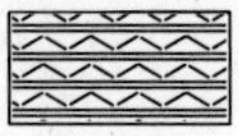	砂岩	Ss	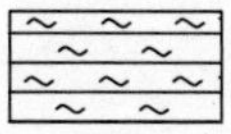
角砾状灰岩		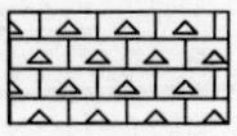	生物碎屑灰岩		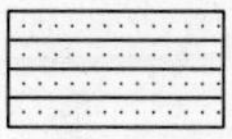
泥灰岩	Ml	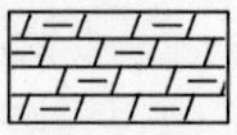	炭质页岩	CSh	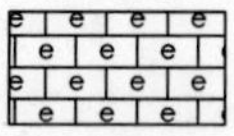
泥质砂岩		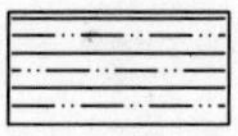	长石砂岩	Ar	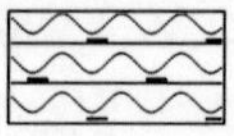

表 I-7 地质构造图示及图例

名　称	图　例	名　称	图　例
向斜	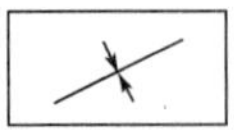	背斜	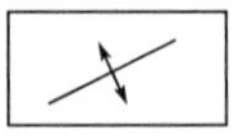
正断层	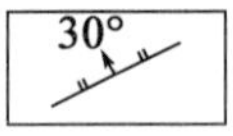	逆断层	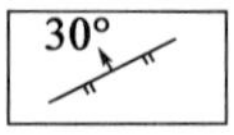
性质不明断层	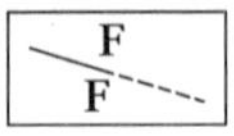	倒转地层	
水平岩层	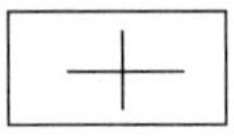	垂直岩层（箭头指向新地层）	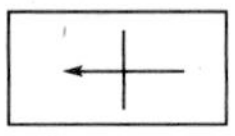
水平节理	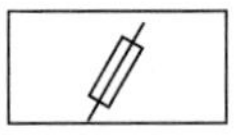	垂直节理	
层理产状	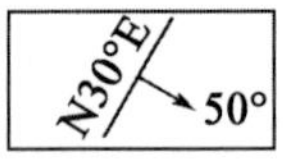	节理产状	

表 I-8 岩溶图示及图例

名　称	图　例	名　称	图　例
溶洞		岩溶塌陷	
岩溶下降泉	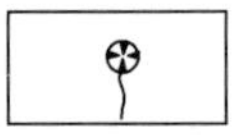	岩溶上升泉	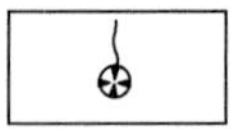
竖井	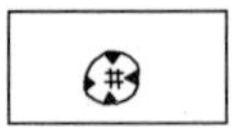	落水洞	
暗河进口	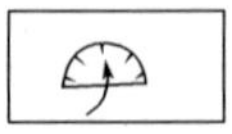	暗河出口	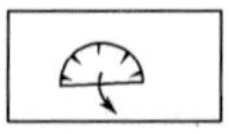
漏斗	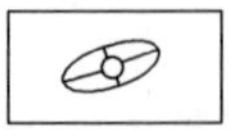		

表 I-9 不良地质图示及图例

名 称	图 例	名 称	图 例
滑坡		古(老)滑坡	
崩塌		危岩落石	
泥石流		岩堆	
废弃矿窑口		生产矿窑口	
地下采空区		地表塌陷	
水库坍岸			